ASPIRATION FOR **V5**

초판인쇄	1판 1쇄 2025년 11월 28일
펴낸곳	스포츠서울/도서출판 밀알
펴낸이	최검열
출판총괄	이재향
기획총괄	김현상
컨텐츠구성	안승진
편집책임	구본희
디자인	박지혜
편집	신소미, 이수정
등록번호	제1-158호
전화	02) 529-0140
홈페이지	www.milalbook.com

ISBN 978-89-418-0348-5

파본이나 잘못된 책은 교환해 드립니다.

이 책은 스포츠서울과 도서출판 밀알에서 공동제작한 것으로, 무단 전재나 무단 복사를 금지합니다.
이 책의 내용을 이용할 시에는 스포츠서울과 도서출판 밀알의 게재 승낙 동의를 얻어야 합니다.

V4 달성 기념 화보집

무적 LG

V5를 향한 염원 ★ ★ ★ ★ ☆

홀로 빛날 수는 없다.
모두가 함께 왕조를 만든다.

왕조의 자존심. 무적LG 트윈스의 시대는 영원하리라. 다섯 번째 별, V5를 향하여!

V5를 향한 염원

ASPIRATION FOR V5

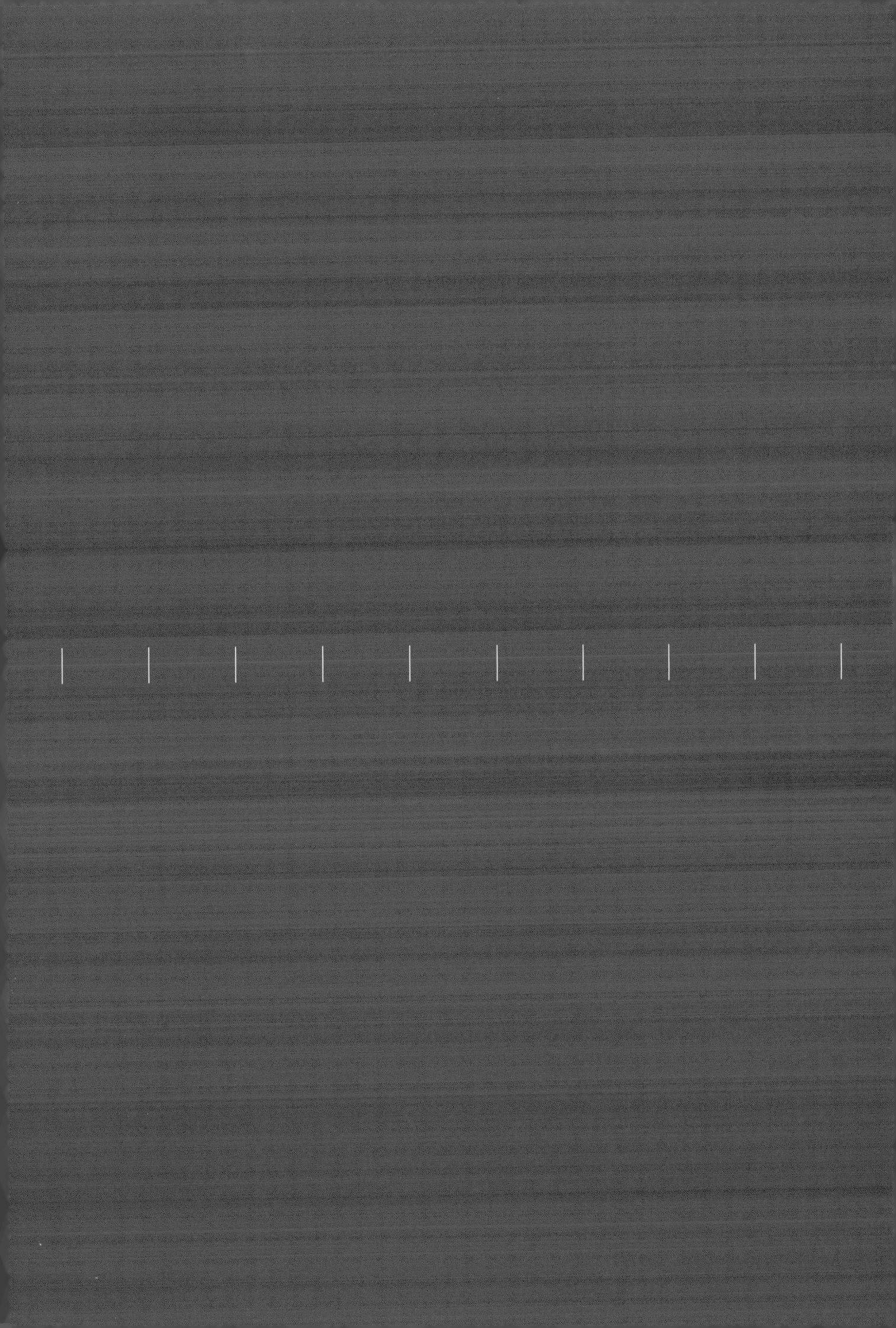

역대 엠블럼들

2023년 한국시리즈 우승 엠블럼 | 2023년 정규리그 우승 엠블럼 | 30주년 엠블럼

2017년 ~현재 엠블럼 | 2010년 엠블럼 | 2007년 엠블럼

2005년 엠블럼 | 2005년 엠블럼 | 2004년 제2창단

2004년 엠블럼 | 2003년 엠블럼 | 2002년 엠블럼

2001년 엠블럼 | 2000년 엠블럼 | 10주년 엠블럼

10주년 엠블럼 | 1994년 우승 엠블럼 | 1990년 우승 엠블럼

LG TWINS
트로피와 메달들

2023
한국시리즈 우승 기념 메달

1998
한국시리즈 준우승 기념 메달

1997
한국시리즈 준우승 기념 메달

1994
한국시리즈 우승 기념 메달

1990
한국시리즈 우승 기념 메달

2023
한국시리즈 우승 트로피

2023
정규리그 우승 트로피

2002
한국시리즈 준우승 트로피

1998
한국시리즈 준우승 트로피

1997
한국시리즈 준우승 트로피

1994
한국시리즈 우승 트로피

1990
한국시리즈 우승 트로피

1998
한국시리즈 준우승패

1997
한국시리즈 준우승패

1994
한국시리즈 우승패

1990
한국시리즈 우승패

2025 KOREAN SERIES CHAMPIONS

2009·12·13·17
박용택
외야수·우투좌타

1997·99·2000~01
04~05·13
이병규
외야수·좌투좌타

2010
조인성
포수·우투우타

2007
이대형
외야수·좌투좌타

1990·93~95·97
김동수
포수·우투우타

1995
이상훈
투수·좌투좌타

1994
박종호
2루수·우투양타

1994
서용빈
1루수·좌투좌타

1984~87
이광은
1루수·우투우타

1982
김용달
1루수·우투우타

1982
김용운
포수·우투우타

LG TWINS
역대 골든글러브

2023·24
오스틴
내야수·우투우타

2022·23
오지환
내야수·우투좌타

2021·23
홍창기
외야수·우투좌타

2008~2010·15·20
김현수
외야수·우투좌타

2001
양준혁
외야수·좌투좌타

2001
신윤호
투수·우투우타

1998·99
유지현
유격수·우투우타

1994·98
김재현
외야수·좌투좌타

1993~94
한대화
3루수·우투우타

1992
송구홍
3루수·우투우타

1990
김상훈
1루수·좌투좌타

1983~86·89
김재박
유격수·우투우타

2025 KOREAN SERIES CHAMPIONS

2014~2017
양상문 감독

526	256/8/262	0.487
경기수	승무패	승률

2012~2014
김기태 감독

295	141/5/149	0.486
경기수	승무패	승률

2007~2009
김재박 감독

385	158/10/217	0.418
경기수	승무패	승률

2010~2011
박종훈 감독

266	116/7/143	0.447
경기수	승무패	승률

1996~1999
천보성 감독

428	212/4/212	0.500
경기수	승무패	승률

1990~1991
백인천 감독

246	124/1/121	0.504
경기수	승무패	승률

ALL TIME DIRECTORS | LG TWINS

LG TWINS
역대 감독들

2025 한국시리즈 우승

2021~2022
류지현 감독

288	159/16/113	0.585
경기수	승무패	승률

2018~2020
류중일 감독

432	226/6/200	0.530
경기수	승무패	승률

1992~1996, 2003
이광환 감독

719	369/17/333	0.526
경기수	승무패	승률

2004~2006
이순철 감독

295	129/6/160	0.437
경기수	승무패	승률

2001~2002
김성근 감독

231	115/13/88	0.528
경기수	승무패	승률

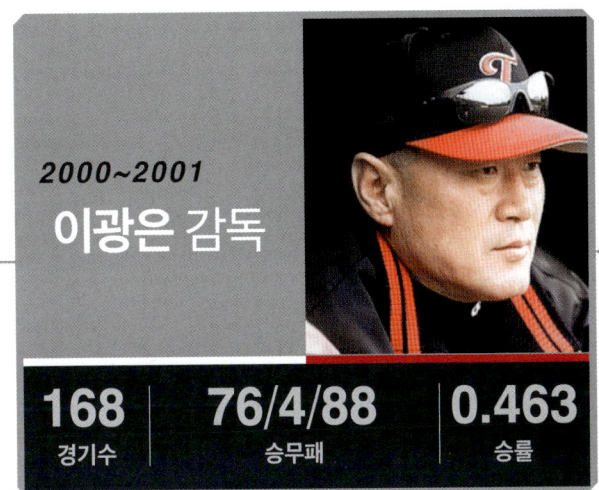

2000~2001
이광은 감독

168	76/4/88	0.463
경기수	승무패	승률

이병규 9

KBO 수상

이병규	1974년 12월 8일(49세)
외야수부문 골든글러브 6회	1997, 1999~2001, 2004, 2005
지명타자부문 골든글러브	2013
신인왕	1997
타율 1위 2회	2005, 2013
안타 1위 4회	1999~2001, 2005
득점 1위	2001

NPB 수상

일본시리즈 우승	2007

박용택 33

수상

박용택	1979년 4월 21일(44세)
외야수 부문 골든글러브 3회	2009, 2012, 2013
지명타자 부문 골든글러브	2017
플레이오프 MVP	2002
타율 1위	2009
득점 1위	2005
도루 1위	2005

그 외 기록

개인 통산 최다 안타	2504 안타
개인 통산 최다 출장	2237 경기
개인 통산 최다 타석	9138 타석
개인 통산 최다 타수	8139 타수
개인 통산 200홈런-300도루 동시 달성자 (역대 1호)	
10년 연속 3할 타율	2009~2018(역대 1호)
7년 연속 150 안타	2012~2018(역대 1호)

2025 한국시리즈 우승

LG TWINS
오늘의 왕조가 있기까지

1990, 1994, 2023, 그리고 2025. 4개의 별, 하나의 역사.
왕조의 오늘이 있기까지 전설을 쌓아 온
주역들과 그들의 발자취들!

LG 트윈스 최초 영구 결번

김용수 41

수 상	
김용수	1960년 5월 2일 (63세)
한국시리즈 우승 2회	1990, 1994
한국시리즈 MVP 2회	1990, 1994
승리 1위	1998
승률 1위	1998
구원왕 3회	1986, 1987, 1989
한국프로야구에서 최초의 200세이브-100승 선수	

영구 결번 3총사 ▶

오늘의 왕조가 있기까지

V1 to V4

OUTFIELDER
64
외야수 **박관우**

51

외야수 **홍창기**

OUTFIELDER

8
외야수 문성주

3 외야수 **최원영**

7 내야수 이영빈

INFIELDER

6
내야수 **구본혁**

44

CATCHER

포수 김성우

26 포수 이주헌

45

PITCHER 투수 김진수

42 PITCHER 투수 김진성

31

투수 이정용

30 투수 **톨허스트**

LG 트윈스 선수 엔트리

투수 | Pitcher	포수 | Catcher	내야수 | Infielder	외야수 | Outfielder
임찬규·함덕주·송승기 박시원·손주영 톨허스트 이정용·박명근·김진성 김진수·치리노스 장현식·유영찬·김영우	이주헌·박동원·김성우	문보경·신민재·구본혁 이영빈·오지환·오스틴 천성호	최원영·문성주·박해민 김현수·홍창기·박관우

85 염경엽 감독

80 박경완 코치　**81** 김정준 코치　**99** 김광삼 코치　**93** 장진용 코치　**88** 김용일 코치

2025 KOREAN SERIES ENTRY LIST
한국시리즈엔트리

| 감독 | Manager | 코치 | Coach |

염경엽

김일경·송지만·김용의
박경완·김정준·정수성
장진용·김재율·모창민
김광삼

COACHING STAFF

94 김재율 코치
75 김용의 코치
97 모창민 코치
73 김일경 코치
83 정수성 코치
74 송지만 코치

V4를 만든 위대한 영웅들, 무적 LG 트윈스

한국시리즈 엔트리

롤렉스 시계 주인공
한국시리즈 MVP 김현수

곤지암리조트 그랜드볼룸에서 '2025 KBO리그 LG트윈스 통합 우승 기념행사'를 열었다. 구광모 구단주와 그룹 관계자 및 선수단, 프런트 등 120여 명이 참석했으며, 한국시리즈 MVP 김현수가 롤렉스 시계를 받았다.

구광모 구단주는 통합 우승 기념행사 격려사에서 "선수단, 코치진, 프런트 여러분께 진심으로 감사드린다. 올해의 우승은 선수단 여러분이 보여 준 끈끈한 팀워크 덕분이라고 생각한다. 하나의 팀으로서 서로 부족한 부분을 메꿔 주고, 이끌어 주고, 격려해 주고, 응원해 줬던 2025년 LG는 역사에 남을 끈끈한 팀으로 영원히 기억에 남을 것이다"고 말했다.
또 김현수에게 롤렉스 시계를 전달하며 "한국시리즈 MVP에게 롤렉스를 수여하는 것은 초대 구단주이셨던 구본무 선대 회장님의 야구단에 대한 열정과 사랑으로 만들어진 것이다. 그 뜻을 기리고 앞으로 이런 영광스러운 자리를 더 자주 맞이하고 싶은 마음에 이 전통을 LG의 전통으로 이어 나가도록 하겠다"라는 뜻을 밝혔다.

김현수 선수는 "이런 의미 있는 선물을 주신 구단주님께 감사드리고, 감독님, 코치님들, 또 좋은 동료들을 만나 두 번이나 우승을 할 수 있었다. 내년에도 우리 선수들이 잘해서 다른 선수가 롤렉스 시계를 받았으면 좋겠다"라고 말했다.

2025. 11. 06. 스포츠서울 기사 중에서

V4를 넘어
왕조의 황금기를 연다!

2 0 2 5 한 국 시 리 즈 우 승

한국시리즈 MVP 김현수. '가을의 사나이'답게 풍성한 기록을 이어가고 있다.

그날의 감동과 환희, 함성을
언제나 잊지 않고
팬과 함께 영원히 이어간다.

지켜낸 팀, 믿었던 팀, 그리고 해냈던 팀

2025 KOREAN SERIES CHAMPIONS **V4**

THE RETURN OF CHAMPIONS

V4, 통합 우승!

무적 LG가 이뤄낸 통합 우승은 언제나 팬과 함께였다.

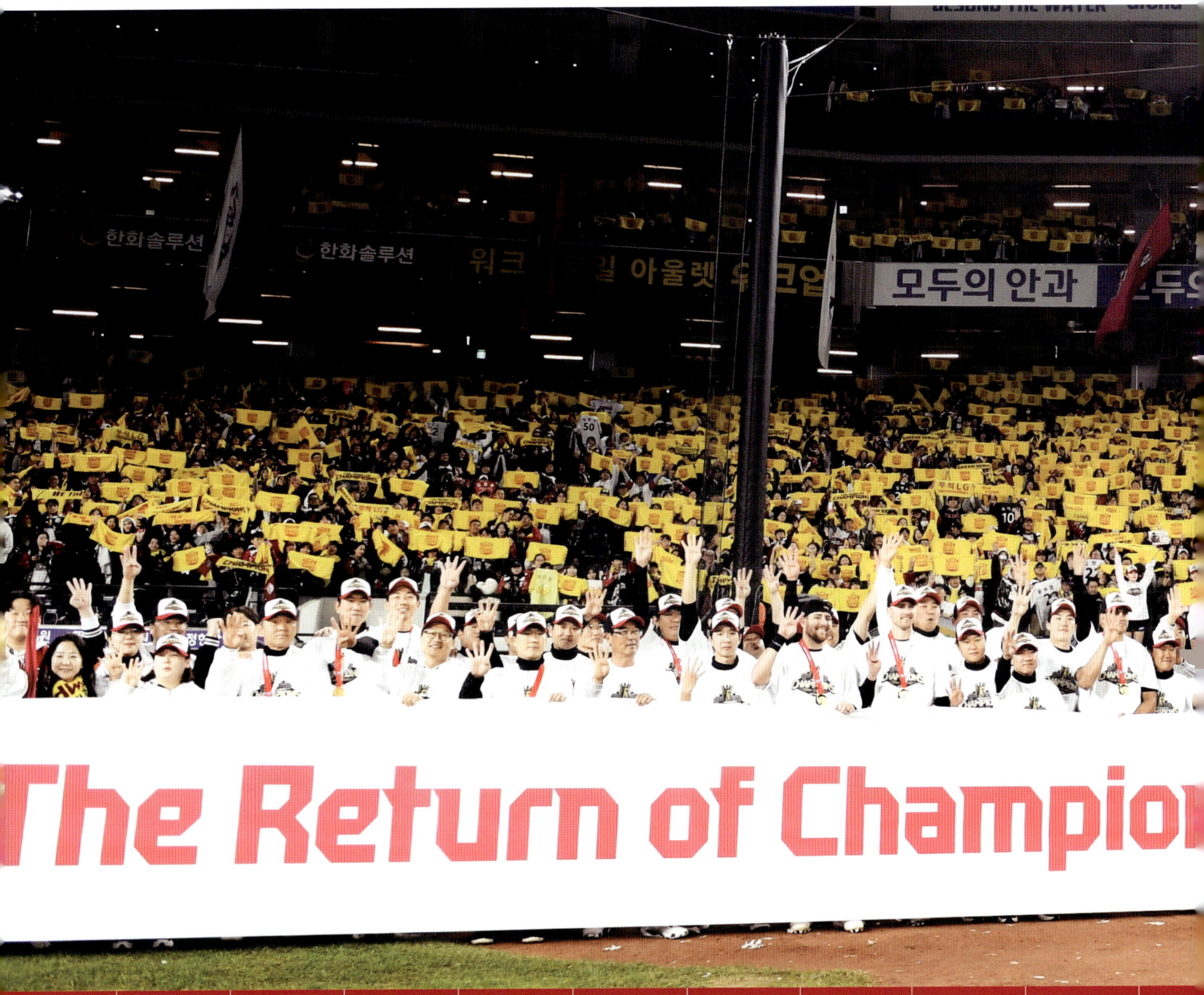

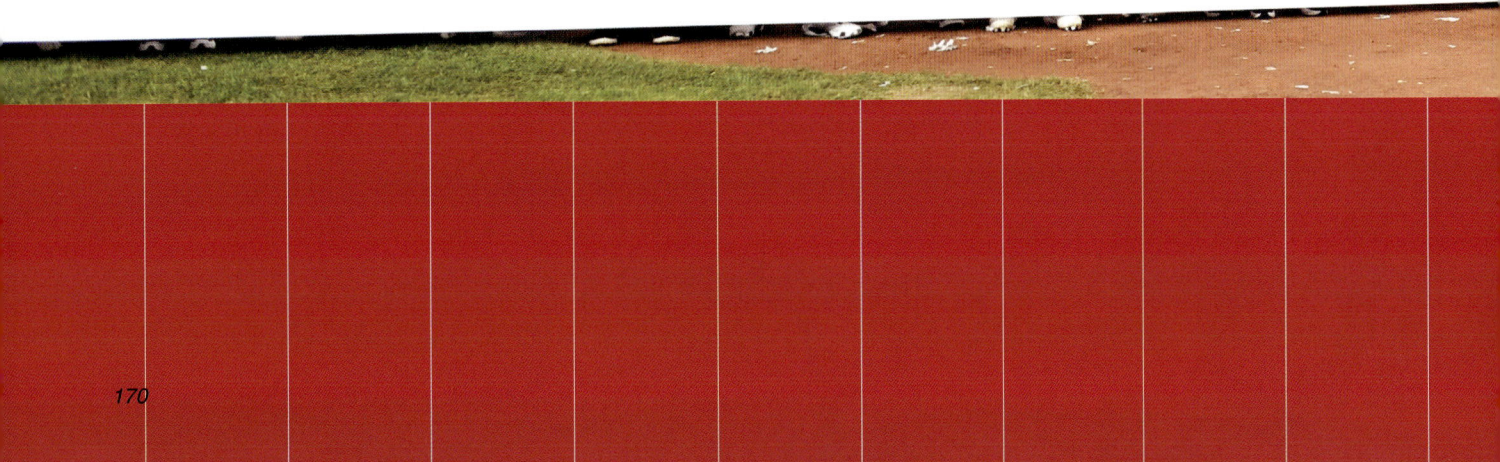

2025 KOREAN SERIES CHAMPIONS

9회말 우승을 확정짓고 환호하는 투수 유영찬과 포수 박동원

THE ROAD TO CHAMPIONS

**마침내 통합 우승을 이뤘다.
왕조의 황금기를 열자.**

대전 5차전 | 4-1 승

▲ 7회초 2루타를 치는 구본혁
◀ 2023년에 한국시리즈 최고령 세이브에 이어 2025년에는
　한국시리즈 최고령 승리 투수가 된 김진성.
　5차전에서는 홀드를 기록했다.

1회초에 이어 6회초 달아나는 적시타를 치는 '가을의 사나이' 김현수. 오늘도 기록을 이어간다

김현수가 1회초부터 기선을 제압하는 타점을 올렸다.

1회초 첫 타석부터 2루타로 득점 기회를 만들고 끝내 득점에 성공한 신민재

우승 예감!
시작부터 막힘없이 달린다.

2025 KOREAN SERIES CHAMPIONS

THE ROAD TO CHAMPIONS

161

대전 5차전 | 4-1 승

승리의 톨허스트,
1차전에 이어 5차전도 책임졌다.

대전 5차전 4-1 승

1차전 승리 투수 톨허스트가 5차전에도 등판, 호투하며 승리했다.
1차전에 이어 5차전의 MVP까지도 수상했다.
LG는 공격은 쉽게 풀고, 상대 공격은 탄탄하게 틀어 막으며 착실하게 승리를 따냈다.
감격의 통합 우승을 이뤄 냈다.
4번의 우승 모두 통합 우승이다.

대전 5차전 | 4-1 승

한화의 레전드들인 정민철, 장종훈이 시구, 시타에 나서 힘을 불어 넣어 줬지만…

2025 KOREAN SERIES CHAMPIONS

지고 있어도 승리를 믿으며 흔들리지 않는 응원을 보낸다. 결국 우리 LG가 이겼다.

대전 4차전 | 7-4 승

대역전승 후 눈물을 흘리는 '울보 주장' 박해민

9회초 기적 같은 대역전으로 4차전에 승리, 우승까지 1승 남았다.

대전 4차전 | 7-4 승

유영찬이 3차전 패전의 아픔을 한국시리즈 첫 세이브로 씻어냈다.

2025 KOREAN SERIES CHAMPIONS

▲ 역전 기회를 살린 김현수가 2타점 적시타를 치고 포효하고 있다.
◀ 역전 후에 1점을 더 달아나는 적시 2루 쐐기타를 친 문보경

대전 4차전 | 7-4 승

▲ 약속의 9회. 박동원이 9회초 추격의 투런포를 터뜨렸다.
▶ 이이진 공격에서 홍창기가 안타로 역전 기회를 만들었다.

▲ 행운의 승리투수 이정용
◀ 호투에도 불구하고 승리를 놓친 치리노스의 역투. 오늘은 투수전인가?
▶ 8회초까지 와이스의 호투에 일방적으로 눌리던 공격의 물꼬를 튼 문보경

대전 4차전 | 7-4 승

2025 KOREAN SERIES CHAMPIONS

개그맨 남희석의 시구

대전 4차전 | 7-4 승

대전 4차전 7-4 승

LG 트윈스는 믿기지 않는 3차전의 대역전패를 기적 같은 대역전승으로 되갚아 줬다. 한화 이글스 와이스의 호투에 눌려 이렇다 할 기회를 만들지 못하던 타선이 8회초부터 꿈틀거리더니 마침내 약속의 9회초에 대량 득점에 성공, 빅 이닝을 만들며 대역전승의 마침표를 찍었다.

2025 KOREAN SERIES CHAMPIONS

대전 3차전 | 3-7 패

◀ 3회초 동점타를 때리는 신민재
▶ 8회초 김서현의 폭투에 득점하는 최원영. 이때까진 좋았는데…
▶ 기록의 사나이 김현수가 4회초 역전 솔로 홈런을 치고 들어오고 있다.

2025 KOREAN SERIES CHAMPIONS

145

대전 3차전 3-7 패

한화 에이스 폰세에 맞서 손주영이 선발로 나서 호투하여 승리를 눈앞에 뒀으나 8회말 반격에 나선 한화 타선에 불펜진이 와르르 무너지며 한화에 극적인 대역전승을 헌납하고 말았다.

시구와 시포하는 1999년 한화 우승 배터리 구대성과 조경택

THE ROAD TO CHAMPIONS

2025 KOREAN SERIES CHAMPIONS

▲ LG 트윈스 치어리더들은 승리를 의심치 않았다. 선수들과 팬들을 승리까지 잇는다.
▼ 홈에서 2연승, 대전행 발걸음을 가볍게.

잠실 2차전 | 5-13 승

역전타는 나에게 맡겨라. 2회말 마침내 역전 안타를 터뜨리는 홍창기

1회초부터 흔들렸으나 승리로 이어질 수 있게 역투한 선발 임찬규

▶ 홈런을 직감한 듯 타격 후 공의 궤적을 좇는 박동원이 3회말 좌월 2점 홈런을 날린다.
▼ 역전하려면 우선 동점부터. 2회말 동점 적시타를 터트리고 송지만 코치와 하이파이브하는 구본혁

잠실 2차전 | 5-13 승

4회말 싹쓸이 2루타, 8회말 좌월 2점 홈런을 날린 문보경은 일찌감치 오늘의 MVP를 예약했다.

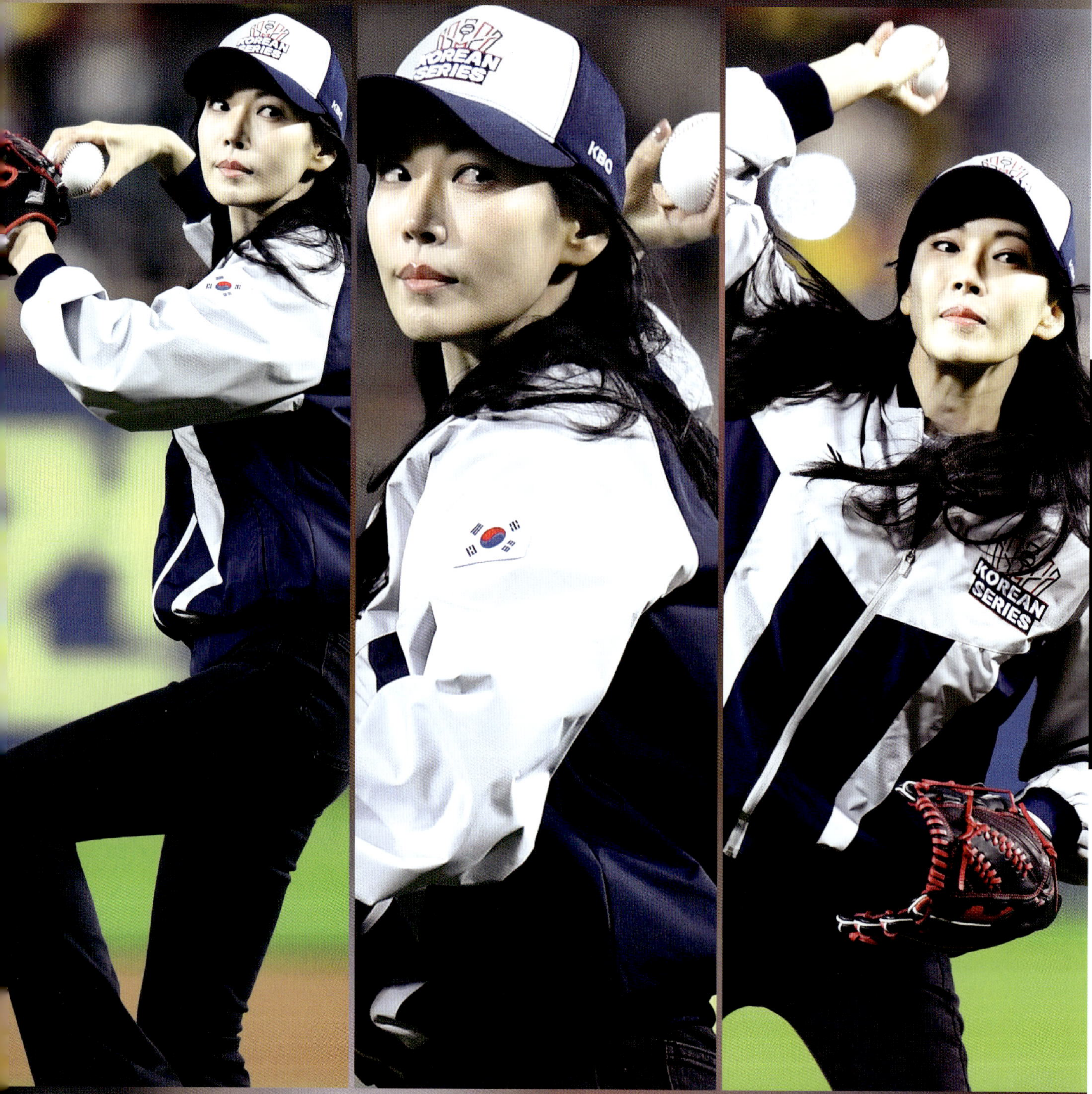

2025 KOREAN SERIES CHAMPIONS

2차전에 김소연이 시구자로 나서 역동적으로 공을 뿌리고 있다.

배우 김소연 시구

잠실 2차전 | 5-13 승

2025 KOREAN SERIES CHAMPIONS

팬들의 염원대로 이뤄지리라.

잠실 2차전 5-13 승

무적 LG는 한화의 베테랑 류현진마저 무너뜨렸다. 홈에서 2연승을 달린 LG는 우승 확률 90.5%까지 잡아 냈다.
1회초부터 선발 임찬규가 2점 홈런을 맞는 등 4점을 잃고 어렵게 경기를 시작했으나 2회말에 곧바로 무사 만루 기회를 잡아 결국 5-4로 역전한 후 그 기세를 몰아 3회말, 4회말에도 추가 득점하면서 여유 있게 대승을 거뒀다.
구원 등판한 김진성은 한국시리즈 최고령 승리 투수가 되었다.

시작이 절반이다.
1차전 승리가 무엇보다도 좋다.

잠실 1차전 | 2-8 승

2025 KOREAN SERIES CHAMPIONS

홈런만 치겠냐, 수비에서도 슈퍼 캐치로 훨훨~
박해민이 환상적인 수비를 보인다.

잠실 1차전　|　2-8 승

한화의 반격을 조기에 진화한다. 신민재가 6회말 2타점 적시타를 때렸다.

2025 KOREAN SERIES CHAMPIONS

5회말 선두 타자로 나와 솔로 홈런을 날린 해결사 주장 박해민

잠실 1차전 | 2-8 승

한화의 반격을 조기에 진화한다. 신민재가 6회말 2타점 적시타를 때렸다.

2025 KOREAN SERIES CHAMPIONS

5회말 선두 타자로 나와 솔로 홈런을 날린 해결사 주장 박해민

잠실 1차전 | 2-8 승

1점에 1점 더. 1회말 적시 2루타를 날린 문보경

1회말부터 앞서 간다. 내야 땅볼로 타점을 올리는 김현수

잠실 1차전 | 2-8 승

한국시리즈 1차전 선발 톨허스트

LG 트윈스에서 골든글러브와 감독을 역임한 레전드 김재박의 시구

잠실 1차전 2-8 승

10월 26일 잠실야구장에서 열린 한국시리즈 1차전에서 LG 트윈스가 승리하면서 기선을 제압하여 73.2%의 우승 확률을 잡았다. LG는 선발 투수 앤더스 톨허스트의 퀄리티스타트 호투 속에 경기 초반부터 여유 있게 앞서 나가 결국 8-2의 큰 점수차로 이겼다.

이창섭이 애국가를 열창하고 있다.

2025 KOREAN SERIES CHAMPIONS **V4**

가을의 전설, 영광의 순간

왕좌의 게임을 시작하자. 무적 LG가 2년 만에 한국시리즈에서 우승하면서 통산 4번째 통합 우승을 달성했다.
한화 이글스와의 대결에서 4승 1패의 전적으로 정상에 오르며 서울 왕조의 황금기를 열었다.
왕조의 전설을 써 내려갈 LG 트윈스의 행보에 팬들의 기대가 그 어느 때보다도 크다.

가을의 전설, 영광의 순간

2025 한국시리즈

2025 KOREAN SERIES

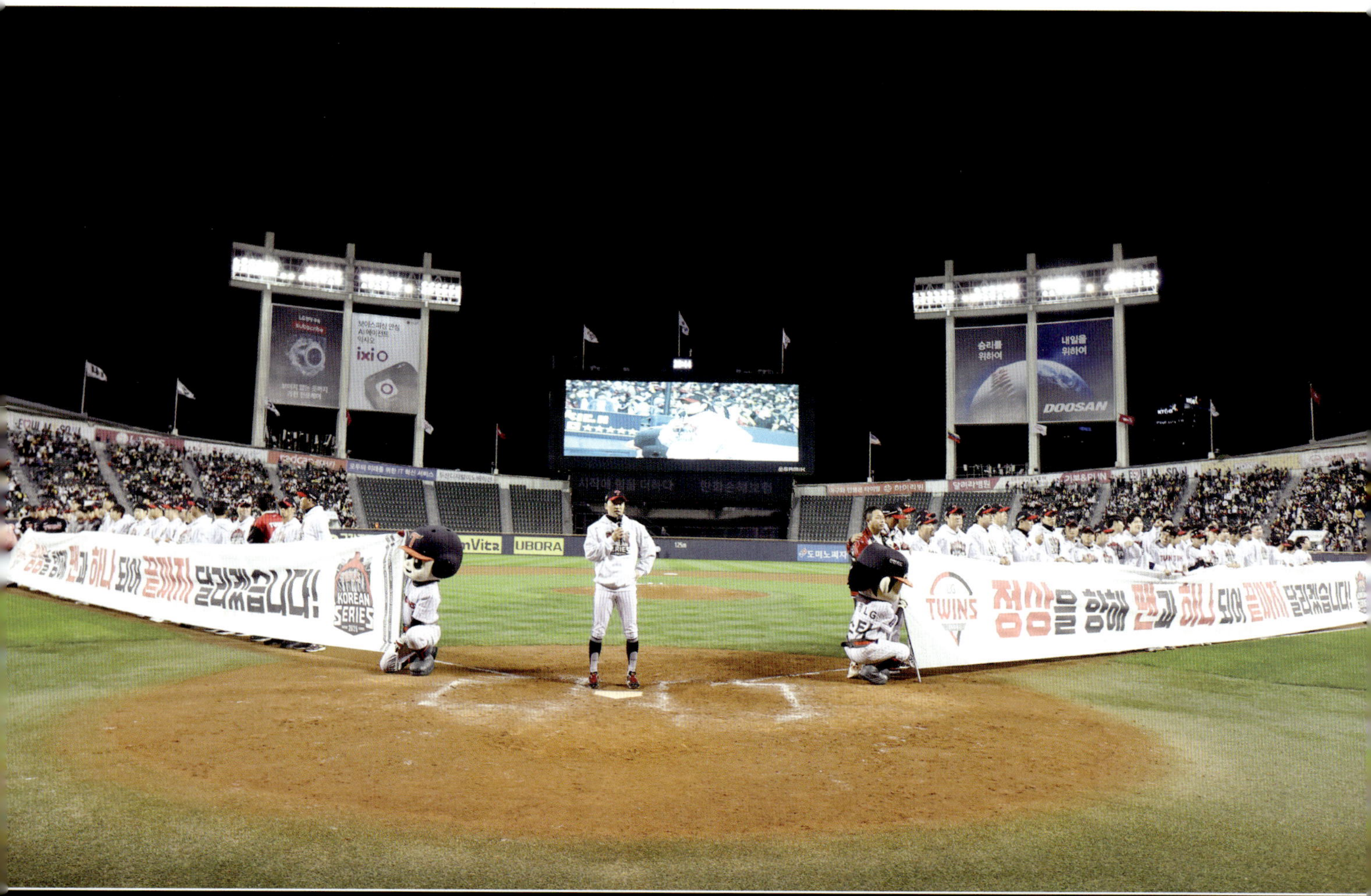
승리를 위하여
내일을 위하여
DOOSAN
KOREAN SERIES
TWINS
정상을 향해 팬과 하나 되어 끝까지 달리겠습니다!

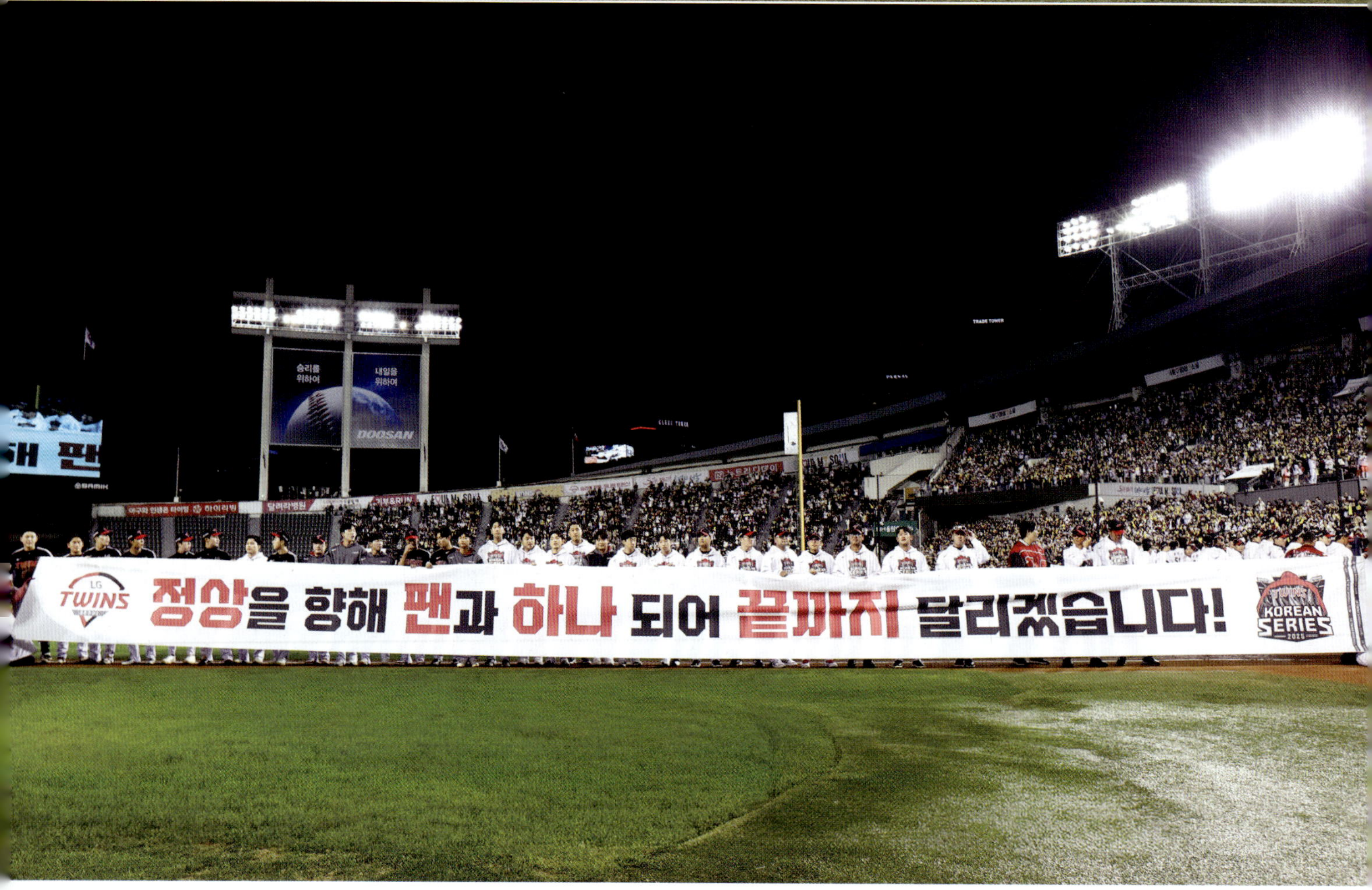
승리를 위하여
내일을 위하여
DOOSAN
LG TWINS
정상을 향해 팬과 하나 되어 끝까지 달리겠습니다!
KOREAN SERIES
2025

한국시리즈 대비 자체 청백전 팬 인사

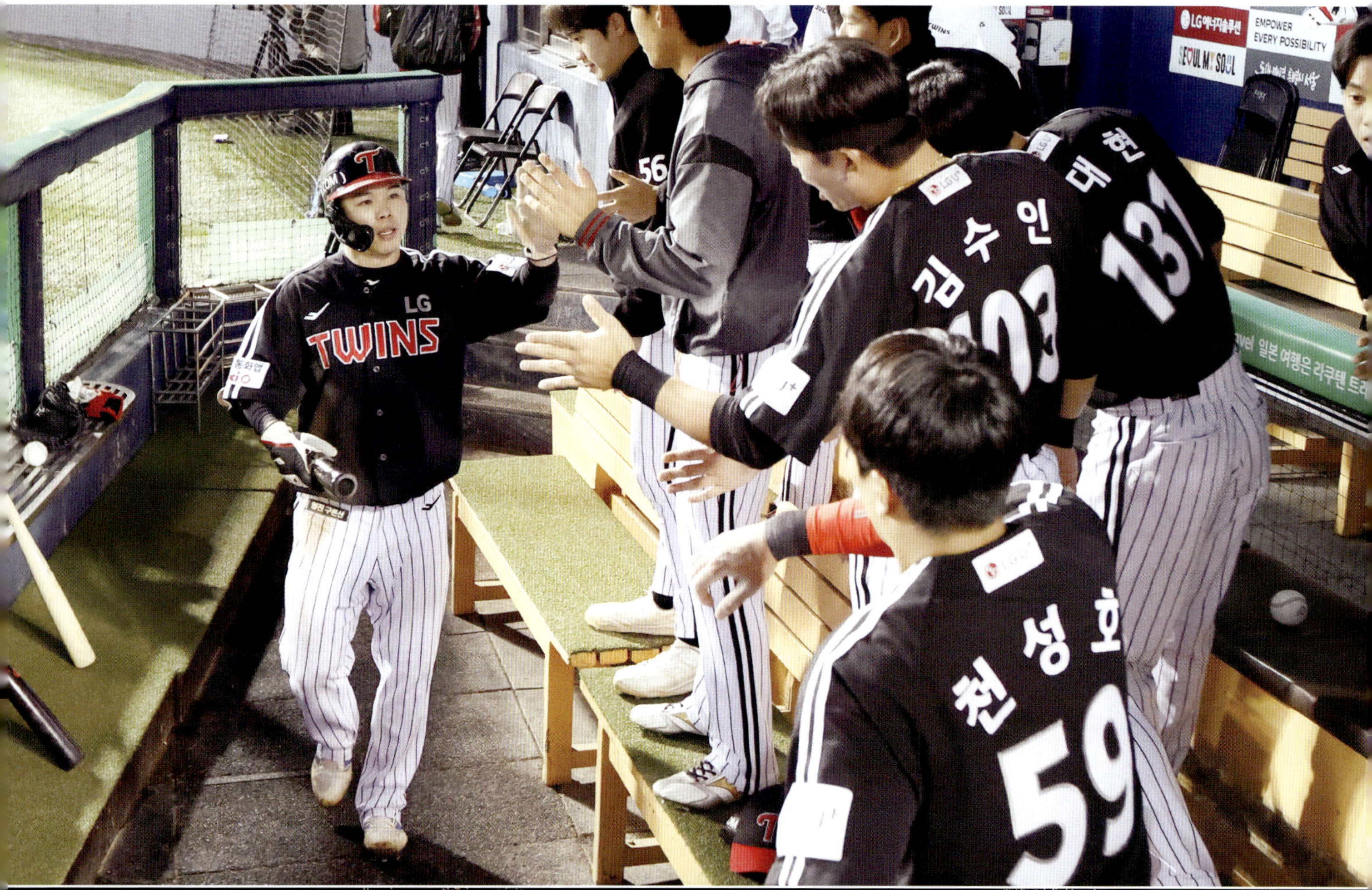

2025 KOREAN SERIES CHAMPIONS

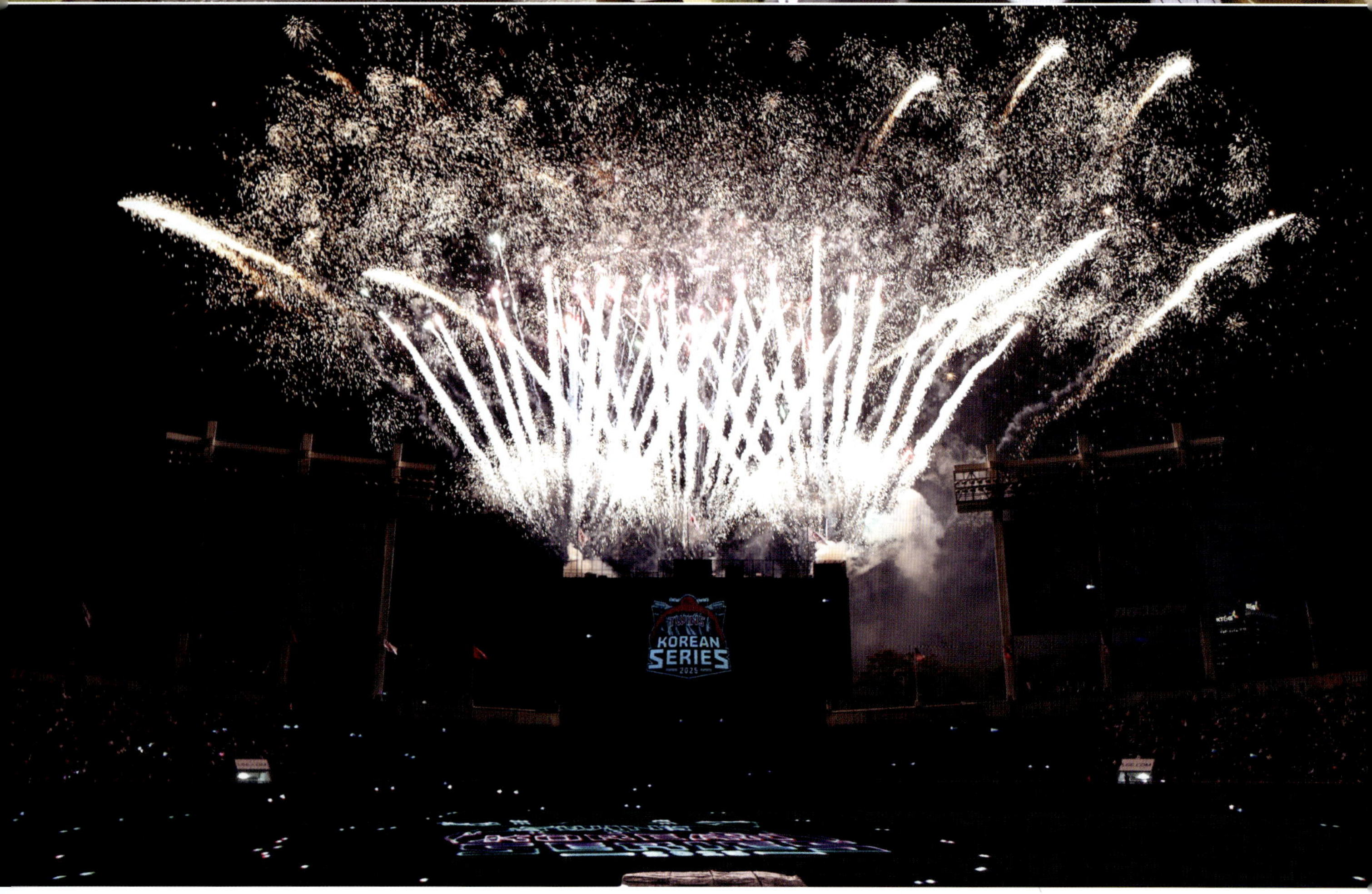

115

한국시리즈 대비 자체 청백전 팬 인사

한국 시리즈 대비 자체 청백전 팬 인사

한국시리즈를 대비하여 팬들이 관람하는 가운데 자체 청백전을 가졌다.

2025 KOREAN SERIES CHAMPIONS

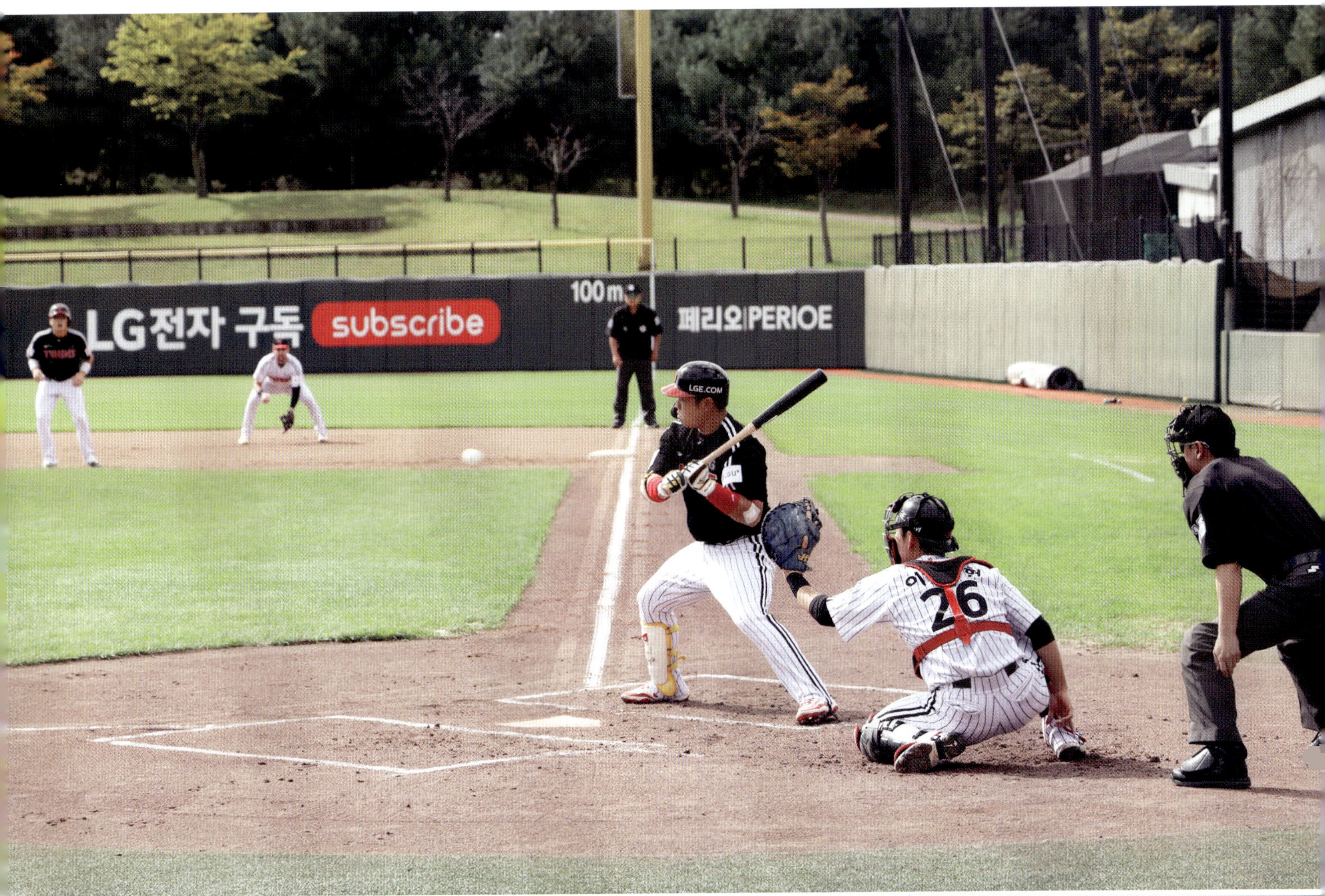
LG전자 구독 subscribe
100m
페리오 PERIOE
26

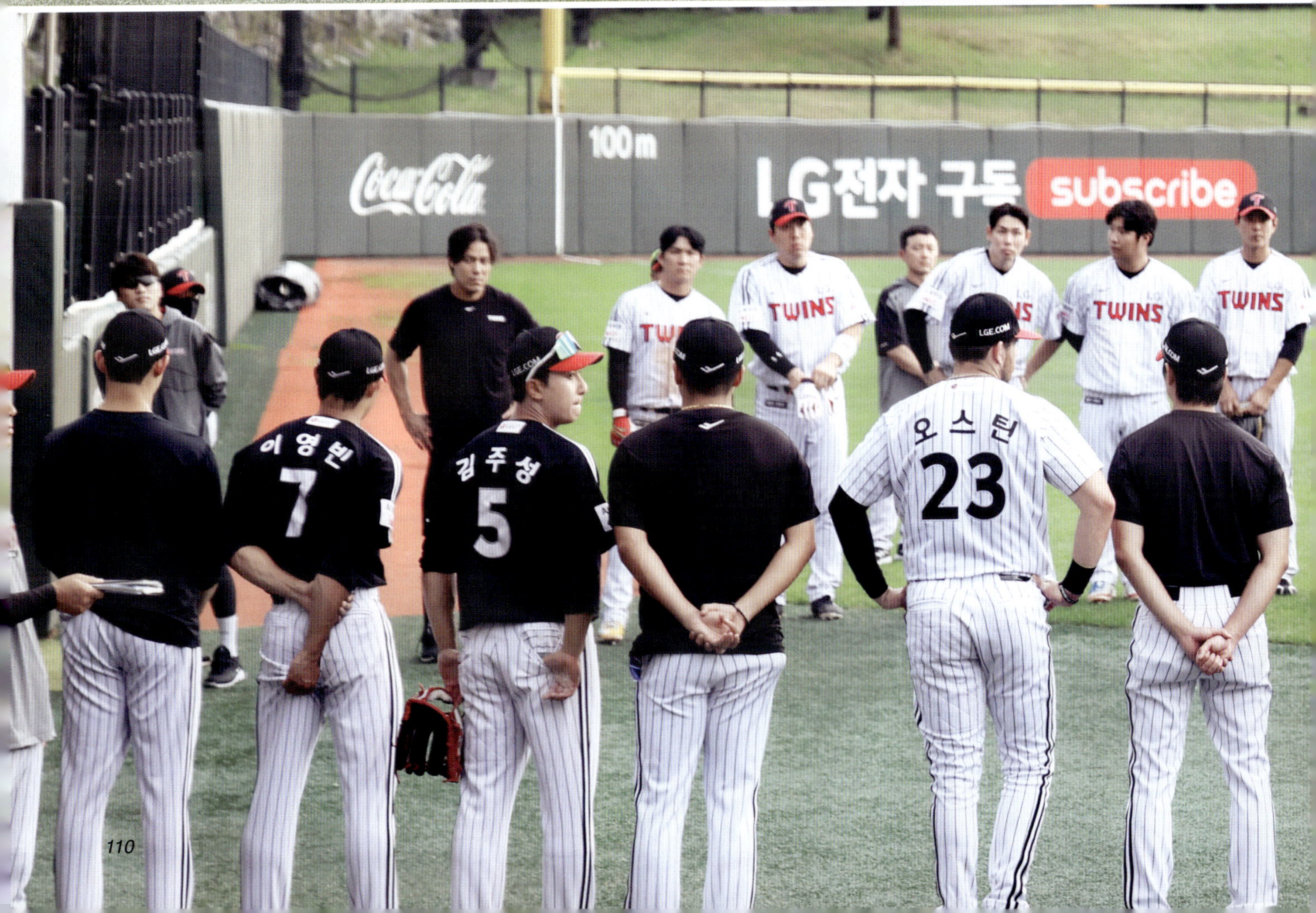
Coca-Cola
100m
LG전자 구독 subscribe
TWINS
이영빈
7
김주성
5
오스틴
23

챔피언스파크 훈련

2025 KOREAN SERIES CHAMPIONS

챔피언스파크 훈련

챔피언스파크 자체 청백전

한국시리즈에 대비하여 이천 챔피언스파크에서 자체 청백전을 치렀다.

2025 KOREAN SERIES CHAMPIONS

챔피언스파크 훈련

2025 KOREAN SERIES CHAMPIONS

챔피언스파크 훈련

2025 KOREAN SERIES CHAMPIONS

챔피언스파크 훈련

한국시리즈에 대비하여 이천 챔피언스파크에 입소하여 훈련하였다.

9월 13일 KIA와의 잠실 홈 경기에 '출루 기계' 홍창기가 부상 이탈 4개월 만에 돌아왔다.

9월 7일 SSG와 잠실에서 65번째 홈 경기가 열렸다. 전광판에 선명히 나타난 대로 1,402,986명을 기록하면서 구단 역대 한 시즌 최다 관중 신기록을 달성하였다 (종전 기록: 1,397,499명).

9월 4일 문성주는 KT와의 수원 원정 경기에서 이틀 전의 한 경기 4안타 맹활약을 이어 역전 만루 홈런을 날렸다.

9월 2일 잠실 홈에서 문성주는 롯데와 4안타 경기를 했다.

8월 10일
미리 보는 한국시리즈가 된 한화전 기록지 앞면과 뒷면

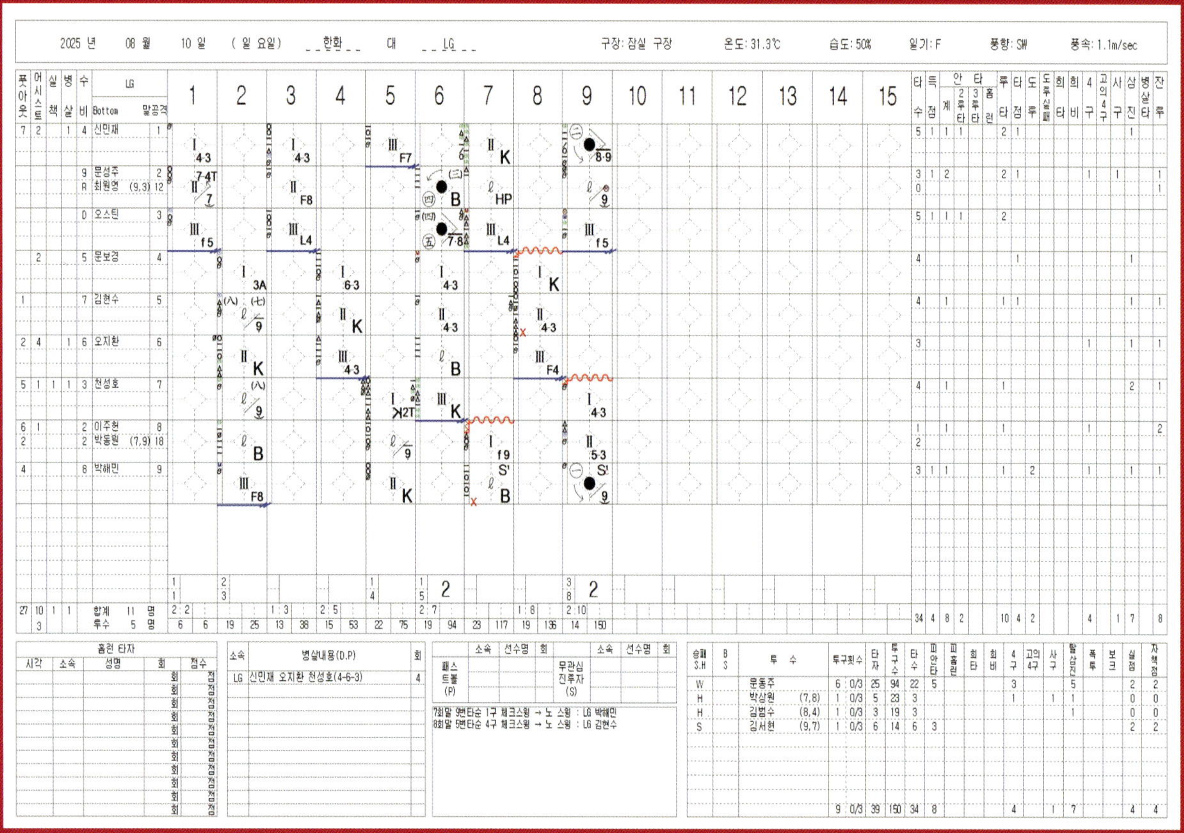

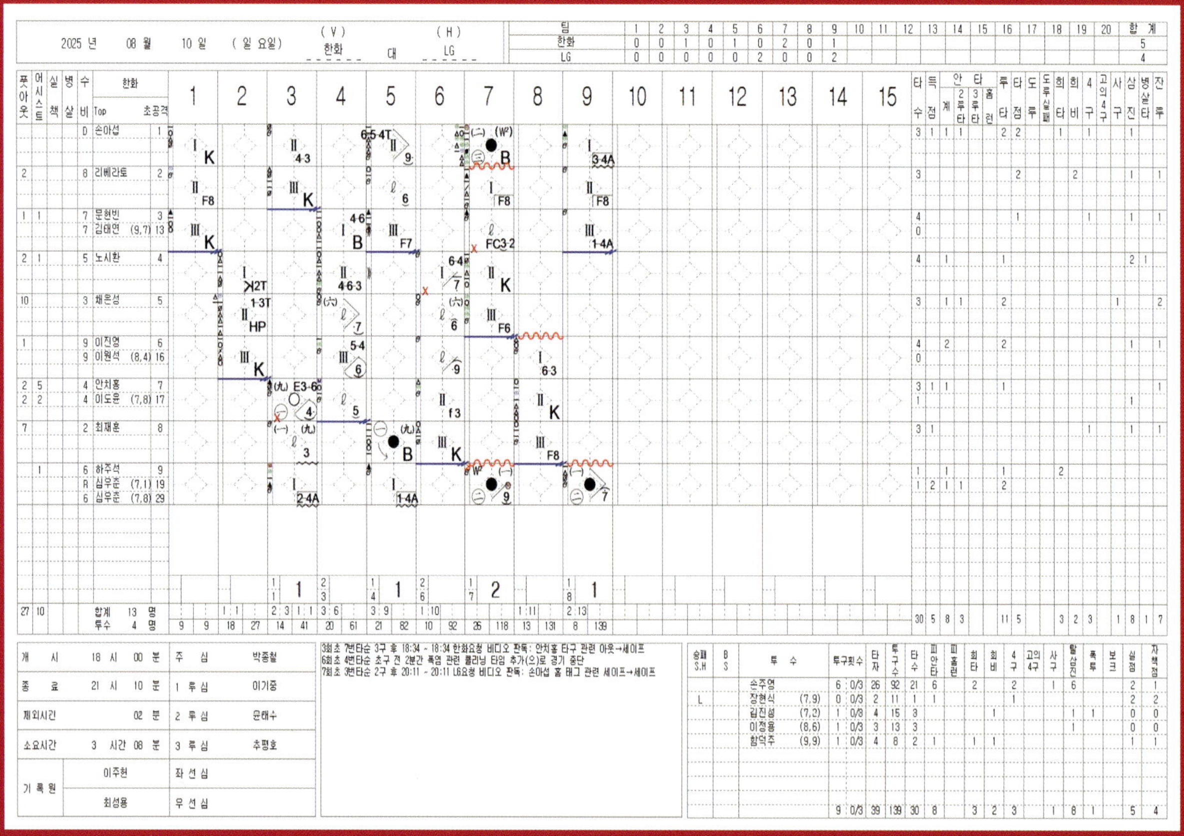

LG TWINS

8월 9일 치리노스는 한화를 상대로 시즌 10승을 달성했다.

2025 정규시즌 우승

8월 9일 신민재는 한화와 잠실 홈 경기에서 5출루 대활약을 펼쳤다.

아싸 나도 안타다

같은 날 천성호는 10회말에 끝내기 안타를 때려 냈다.

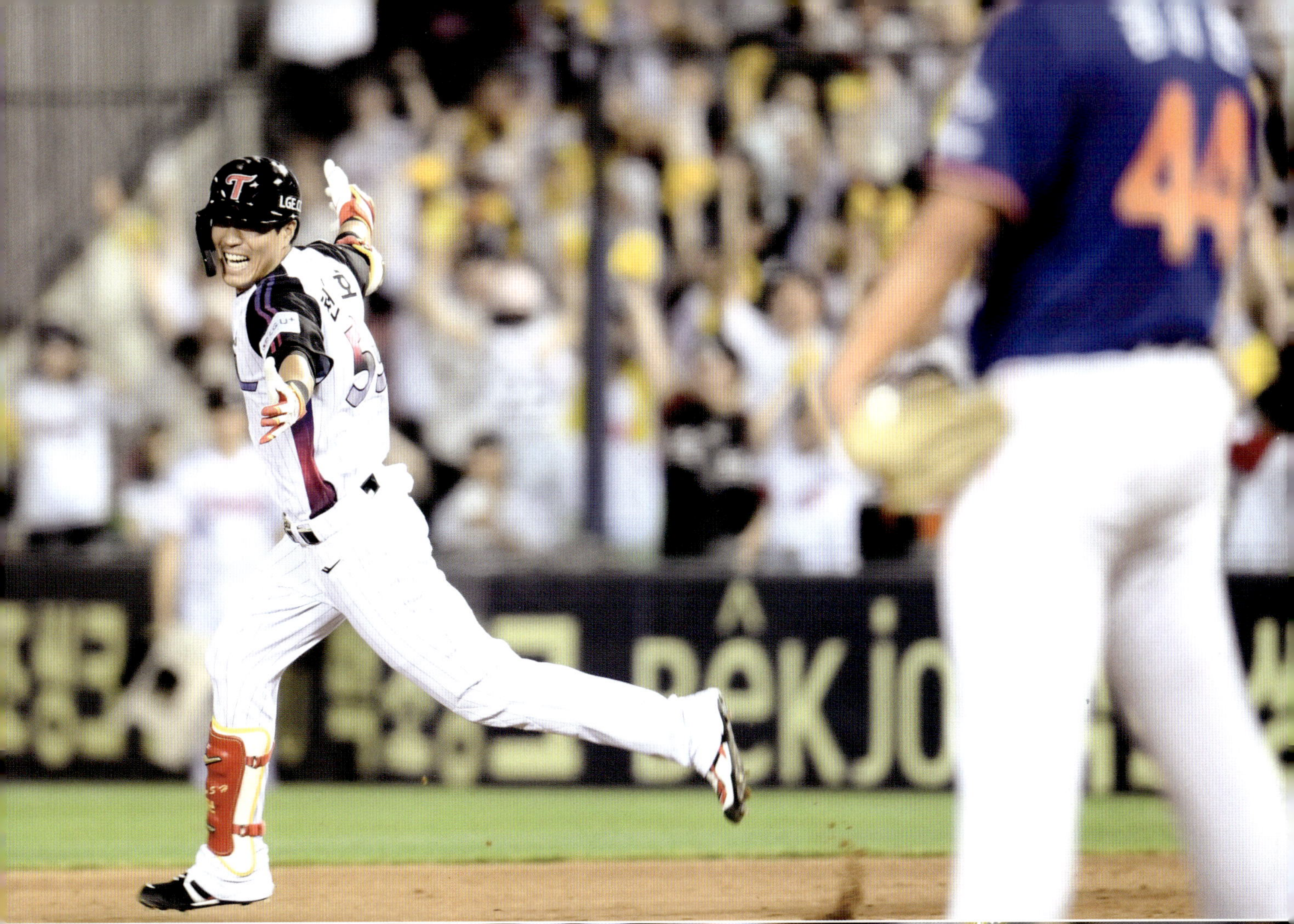
44
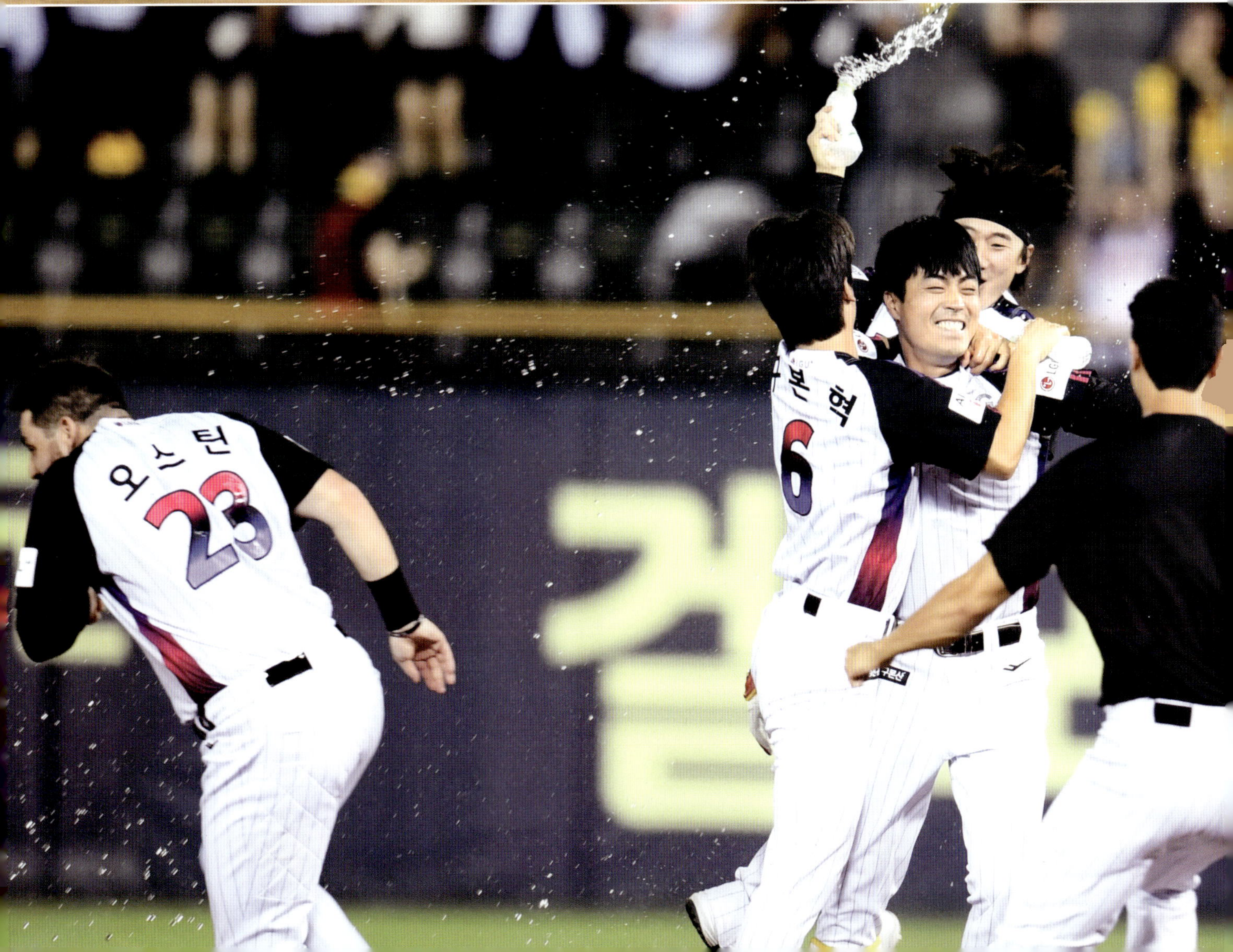
오스틴
23
6

8월 8일 잠실 한화전에서 김현수는
한국프로야구 4번째로
통산 2500안타를 달성했다.

2025 정규시즌 우승

7월 19일 롯데와의 잠실 홈 경기에서 한국 프로스포츠 사상 최다인 17시즌 홈 100만 관중 동원을 달성했다. 2024년보다 6경기가 빠른 추세였다.

7월 10일 박관우가 잠실 홈 키움전에서 데뷔 첫 홈런을 대타 동점 홈런으로 기록하였다.

2025 정규시즌 우승

5월 29일 한화와 홈 경기에서 김영우가 첫 세이브를 올렸다.

'출루 기계'(2021년, 2023년, 2024년 출루율 1위)라 불리는 홍창기가 4회말 2점 홈런을 날렸으나, 9회초 우익수 수비 도중 1루수 김민수와 충돌해 구급차로 병원에 이송될 정도의 큰 부상을 당했다.

2025 정규시즌 우승

4월 16일 홈으로 삼성을 불러 들여 벌인 경기에서 박동원이 2홈런 5타점의 맹타를 휘둘렀다.

4월 8일 고척구장에서 열린 키움과 방문 경기에서 김현수는 시즌 첫 홈런이자 통산 250호 홈런을 기록했다.

2 0 2 5 정규시즌 우승

4월 6일 잠실 KIA전이 열린 이날 2025시즌 7번째로 전 좌석이 매진되었다.
개막전부터 이어지는 팬들의 성원이 여전하다.

3월 26일 잠실에서 한화를 맞아
임찬규가 데뷔 15년 만에 첫 완봉승으로
시즌 4승을 기록했다.

개막 이틀째인 3월 23일 롯데전에서 손주영은 시즌 첫 승을, 문정빈은 프로 데뷔 첫 안타 홈런을 기록했다.

개막전부터 우승의 순간까지!
개막전부터 만원 관중의 열렬한 응원은 쉬지 않고 계속된다.

경기 시작 전에 개막전 행사를 진행하는 모습들

1승에 1승을 더해서 우승까지

3월 22일 홈 잠실야구장에서 롯데와 개막전을 열었다.
전광판의 '무적 LG! 끝까지 TWINS! 승리를 향해, 하나의 트윈스!'가
지켜져 통합 우승을 달성하였다.

정규시즌 경기 장면 컬렉션
KBO Regular Season Game Highlights

2025 SEASON HIGHLIGHTS

정규시즌 우승에 더욱 펄럭이는 선수단 깃발들

2025 KOREAN SERIES CHAMPIONS

▲ 정규시즌 우승을 자축하는 투수조
◀ 외인 트리오 치리노스, 오스틴, 톨허스트

2025 정규시즌 우승

2025 KOREAN SERIES CHAMPIONS

◀ 인사말하는 박해민 주장
▼ 염경엽 감독과 주장 박해민의 샴페인 엄지척

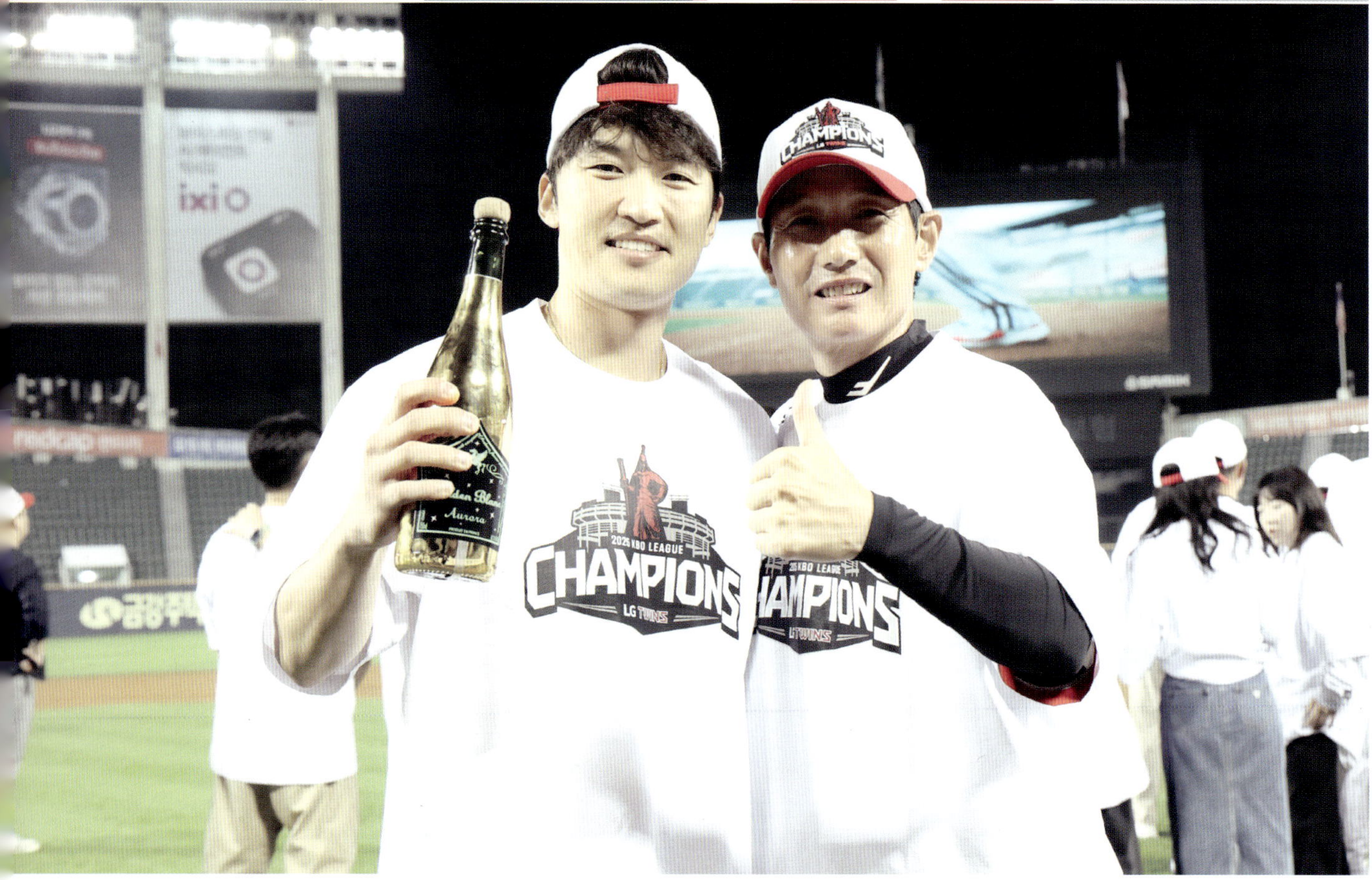

정규시즌 우승 인사말하는 염경엽 감독에게 샴페인으로 축하하는 김현수

▲ 차명석 단장과 염경엽 감독
◀ 인사말하는 염경엽 감독

2 0 2 5 정규시즌 우승

김인석 대표와 주장 박해민의 승리척 ▲
김인석 대표와 차명석 단장 ▶
차명석 단장과 염경엽 감독 ▶

2025 KOREAN SERIES CHAMPIONS

정규시즌 우승 트로피를 높이 들며

2025 정규시즌 우승

정규시즌 우승에 이어
한국시리즈 우승을 염원하며…

2025 KOREAN SERIES CHAMPIONS

정규시즌 우승을 자축하는 선수단

2025 정규시즌 우승

2025 KOREAN SERIES CHAMPIONS

2025 정규시즌 우승

통합 우승은 정규시즌 우승부터

LG 트윈스는 10월 1일 정규시즌 우승을 확정하고 홀가분하게 한국시리즈에 직행했다. 1990년 창단 첫 해, 정규시즌과 한국시리즈 통합 우승을 달성한 이후 정규시즌에 우승한 1994년과 2023년에 모두 통합 우승을 이뤄 냈다. 올해도 그 기운을 이어간다.

V4를 향하여!
2025시즌 주요 장면들

2025 | V4

THE RETURN OF CHAMPIONS

과거의 함성이 미래의 빛을 만든다.
트윈스의 역사, 그 끝은 언제나 새로운 시작이었다.

1990년의 신바람, 1994년의 신화, 2023년 29년 만의 영광.
그리고 2025년. 가슴에 새긴 네 번째 별, 왕조의 황금기를
선포한다.

LG 트윈스 29년 만에 통합 우승

LG 트윈스가 마침내 2023년 한국시리즈 정상에 올랐다. 창단 후 3번째 우승. LG는 지난 1990년과 1994년 우승을 차지한 바 있다.
이제는 기억 속에서도 가물가물한 지난 영광을 사진으로 만나보자. 과거의 영광을 통해 29년간의 오랜 기다림도 제대로 느낄 수 있을 터. 스포츠서울이 준비한 사진 속엔 1990년 창단 첫해 우승을 차지한 백인천 감독이 행가래를 받으며 두 팔을 활짝 벌리고 있다. 1994년엔 이광환 감독이 영광을 재현했다. 그리고 KS의 주인공 투수 김용수의 젊은 모습도 살아 숨 쉰다.
그는 두 번의 KS 우승에서 모두 MVP에 등극하는 기염을 토했다. 1990년 KS엔 2경기에서 2승, 1994년엔 3경기 1승 2세이브를 올리며 팀 우승을 견인한 것. 이들이 입은 스트라이프 유니폼이 변치 않는 것처럼 앞으로 LG 왕조의 우승 전력 또한 전설처럼 남을 것이다. 〈편집자주〉

1994년 태평양과 맞붙었던 한국시리즈에서 우승한 LG 선수들이 이광환 감독을 행가래 치며 기쁨을 나누고 있다.

1990년 삼성과 대결한 한국시리즈에서 4연승으로 우승한 뒤 백인천 감독이 선수들로부터 감격의 행가래를 받고 있다.

1994년 한국시리즈 후 김동수 선수가 1994년 한국시리즈 우승기를 건네받고 있다.

▲ 故 구자경 LG 그룹 명예회장(왼쪽)이 1990년 한국시리즈 우승을 차지한 백인천 감독과 악수를 하고있다.

▲ LG 선수들이 1994년 한국시리즈에서 태평양을 꺾고 우승한 뒤 모자를 벗어 관중들에게 인사하고 있다.

LG 선수들이 1990년 한국시리즈에서 삼성을 꺾고 우승한 뒤 환호하고 있다.

1990년 우승한 LG 선수들이 LG트윈스 깃발을 들고 그라운드를 달리고 있다.

김용수, 김용수, 서용빈 등 LG 선수들이 1994년 한국시리즈 우승을 확정한 뒤 서로 끌어안고 기뻐하고 있다.

김용수와 한대화 등 LG 선수들이 1994년 한국시리즈에서 본인들의 활약을 담은 사진을 들고 포즈를 취하고 있다.

1994년 한국시리즈 우승 플래카드를 들고 기뻐하고 있는 LG 선수들.

SPORTS SEOUL COVERAGE OF LG TWINS

스포츠서울에 비친 무적 LG

2023 | V3

영광의 귀환, 왕조의 완성
기다림은 끝났고, 믿음은 역사가 되었다

2023년 29년 만의 V3 통합 우승을 확정하는 순간에 돌아본 기록들

THE HISTORY OF LG TWINS

스포츠서울에 비친 무적 LG

2023 | V3

영광의 귀환, 왕조의 완성
기다림은 끝났고, 믿음은 역사가 되었다
2023년 29년 만의 V3 통합 우승을 확정하는 순간에 돌아본 기록들

THE HISTORY OF LG TWINS

스포츠서울에 비친 무적 LG

LG 트윈스 29년 만에 통합 우승

LG 팬 울린 영광의 순간들

LG 팬들이 지난 7일 잠실구장에서 열린 2023 한국시리즈 LG트윈스와 KT위즈의 1차전 경기에서 유광점퍼를 입고 응원을 펼치고 있다. 강영조기자 kanjo@sportsseoul.com

잠실벌 꽉 채운 유광점퍼 물결… 구광모 회장도 첫 방문 응원

KS 1차전 박빙 흐름 속 KT 한 방에 무릎 꿇어

잠실구장이 유광점퍼로 가득 찼다. 3루 응원단 일부만 제외하면 잠실구장 2만2375석 대부분이 LG 유광점퍼 물결을 이뤘다. 처음 잠실구장을 찾은 LG 구광모 회장도 이에 동참해 유광점퍼를 입고 잠실구장에 입장했다.

7일 잠실구장에서 열린 LG와 KT의 한국시리즈(KS) 1차전이 장관을 이뤘다. 전날 예매 전쟁의 결과가 고스란히 드러나는데 29년 우승 한을 풀기 위한 LG 팬들이 1루는 물론 3루도 점령했다. 암표 가격이 4연석 750만원 취까지 치솟았다. 리셀가만 보면 KS가 아닌 월드시리즈(WS)였고 열기는 WS 이상이었다.

수비 실책도 있었지만, 호수비도 동시에 나왔다. 특히 2회초에는 정규시즌에도 거의 안 나오는 트리플 플레이가 KS에서 나왔다. 호수비가 나오자 구광모 회장도 벌떡 일어서서 박수를 보냈다. LG 팬들이 만드는 응원 장관을 핸드폰 카메라로 찍기도 했다. 그러나 1차전에선 LG는 KT에 패했다. 2-3 패배, KT는 마지막 순간 고우석 공략에 성공했다. 축구 타이밍과 가장 다른 커트가 들어왔다면 회심의 적시타를 터뜨렸다. KT의 마법 같은 역전이 한국시리즈(KS)에서도 이어질 것.

2-2 동점으로 맞이한 9회초 2사 후 배정대가 볼넷으로 출루했고 2사 1루에서 문상철의 고우석 상대 좌측 펜스 맞는 적시 2루타를 터뜨렸다. 문상철은 이전 세 타석에서 범타로 물러났다. 특히 2회초 첫 타석에서는 트리플 플레이가 된 번트 실패가 있었으나 이를 극복했다.

이로써 KT는 KS 선수권과 함께 KS 우승 확률 74.4%를 잡았다. 지금까지 39번의 KS 중 29차례 1차전 승리 팀이 우승을 차지했다.

이날 경기 선취점은 KT가 냈다. 1회초 선두 타자 김상수가 볼카운트 3-1에서 중전 안타로 출루했고 황재균의 유격수 땅볼에 흙을 밟아 득점했다.

LG도 바로 반격했다. 오지환의 우전 안타로 1사 만루. 그리고 문보경의 우익수 희생플라이로 2-1로 역전했다.

KT가 공격적 2회초도 LG 흐름이었다. 선두 타자 장성우가 3루수 문보경의 실책으로 출루, 백정대는 좌전 안타를 날려 무사 1, 2루를 만들었다.

그런데 문상철 희생 번트에 전기명기가 나왔다. 문상철이 번트를 댄 타구가 배터 박스 앞에서 떨어진 후 멈췄다. 박동원을 타구를 잡아 3루 송구, 3루 베이스에 백업을 들어온 오지환이 포스 아웃 후 1루 송구, 1루 베이스에 백업을 들어온 신민재가 1루 포스 아웃을 만들었다.

여기서 끝이 아니었다. 1루 주자 배정대가 2루를 지나 3루까지 노렸는데 신민재가 이를 놓치지 않았다. 배정대의 주루 플레이에 간파해 3루 송구했고 3루에서 문보경이 배정대를 태그 아웃시켰다.

끌려가던 KT는 4회초 다시 찾아온 찬스를 놓치지 않았다. 장성우의 우전 적시타를 날려 2-2, 경기를 원점으로 돌렸다. 이후 흐름은 KT의 적시타이나 LG 호수비 연전이었다. 박빙 흐름에서 승기는 9회초 다시 KT가 잡았다. LG 마무리 투수 고우석을 상대로 2사후 천금의 득점을 올린 것. 배정대가 볼넷으로 출루했고 문상철이 고우석의 6구 커브를 공략해 적시 2루타를 터뜨렸다.

3-2로 앞선 KT는 9회말 박영현을 올렸고, 박영현은 삼자범퇴로 KS 선승을 완성하는 세이브를 올렸다. LG의 우승가도는 첫 경기부터 막혔다.

잠실 | 윤세호기자 bng7@sportsseoul.com

'역전 투런포' 고생한 투수들 보듬은 안방마님 박동원

KS 2차전 포기 않고 뒤쫓아 '우승 포수' 성큼

호쾌한 스윙. 맞는 순간 2만7000여 관중이 벌떼 일어났다. 큰 포물선을 그리며 날아가는 타구에 모든 시선이 꽂혔다. 강한 스윙에 의한 원심력 탓에 1루쪽으로 한두 발 걸어가던 타자는 관중들보다 먼저 홈런이라는 것을 직감했다. 오른손으로 배트를 높이 치켜들고 1루로 걸어나가면 그는 일제히 터져나온 관중 함성과 동시에 배트를 땅바닥에 팽개치고 포효했다. 역전 투런.

'잔치'가 축포를 터뜨렸다. 벌떼마운드로 겨우 이끌며 버팀목이 되느라 고생한 투수들을 보듬는 결정적 한 방을 터뜨렸다. LG가 총액 6075원에 프리에이전트(FA) 포수를 영입한 효과를 한국시리즈(KS)에서도 톡톡히 누렸다. 영양가 만점이다.

박동원(33)이 LG의 29년 묵은 한을 자신의 힘으로 풀겠다는 각오를 호쾌한 타격으로 증명했다. 박동원은 8일 잠실구장에서 열린 KT와 2023 KBO리그 KS 2차전에서 3-4로 뒤진 8회말 1사 2루에서 KT의 차례 소방수 박영현을 상대로 좌중간 담장을 넘어가는 역전 2점 홈런을 뽑아냈다.

선발 최원태가 0.1이닝 4실점으로 고개를 떨궈 주도권을 내준 경기였는데, 이후 추가실점 없이 버틴 끝에 기회를 잡았다. 1-4로 끌려가던 6회말 오지환이 우월 솔로 홈런으로 '포기하지 않았다'는 것을 알렸고, 7회말 김현수가 우익선상 2루타로 1점 차를 만들었다.

정규시즌 챔피언의 기세를 8회말 선두타자로 나선 오지환의 볼넷을 곁내 나가며 달아오르기 시작했다. 문보경의 희생번트로 1사 2루 기회를 만들자 박동원이 회심의 한 방으로 화룡점정을 했다. 박영현-장성우 배터리는 초구로 체인지업을 선택했는데, 박동원이 이를 놓치지 않았다.

체인지업(시속 124km)에 회전이 제대로 걸리지 않아 밋밋하게 흘러졌는데, 공교롭게도 한가운데로 날아들었다. 반박자 빠르게 시동을 건 박동원의 배트 중심에 정확히 맞았다. 27.45도로 이상적인 포물선을 그리며 122m를 비행해 좌중간 관중석에 꽂혔다. 맞는 순간 모두가 홈런을 직감했다. 다함께 포효했다. 타구속도는 시속 166km.

박동원에게 의미는 KS다. 열정영 감독과 히어로즈 소속으로 처음 출전했던 2014년에는 여섯 경기에서 장타 없이 타율 2할에 그쳤다. 2019년에도 KS 무대를 밟았으나, 주전 포수와는 거리가 있었다. 포수로서 가치를 증명하고 싶어했던, 우승을 노릴 수 있는 팀에서 영광을 누리고 싶었던 박동원이 LG와 손잡은 이유이기도 했다.

시즌 130경기에서 20홈런 타율 0.249로 장타력을 뽐냈고, 팀 평균자책점 1위(3.67)를 견인하며 '포수 박동원' 이름을 아로새겼다. 젊은 투수들을 이끌고 최소볼넷 2위(491개)로 막아선 것도 소통을 중요시하는 박동원의 힘이다.

1차전 패배에 2차전 1회초 빅이닝 헌납으로 마음고생이 심했던 박동원은 "동료들 모두 포기하지 않고 한 점씩 따라가 흐름을 지켜준 게 승리의 동력"이라며 "힘든 경기였는데 선수들이 너무 잘해줬다"고 동료들에게 공을 돌렸다. 그는 "구장을 꽉 채워주신 팬 1만7000분에 부응해서 너무 기분좋다. 원정 두 경기를 치른 뒤 다시 잠실로 돌아오면 그때도 승리로 보답하겠다"며 환하게 웃었다.

그토록 염원하던 '우승포수' 타이틀에 성큼 다가선 박동원이다.

잠실 | 장강호기자 zzang@sportsseoul.com

오! 캡틴, 극적인 결승포… "롤렉스보다 우승 더 간절해요"

KS 3차전 엎치락뒤치락 끝에 팀 구한 오지환

LG가 천신만고 끝에 KT를 잡고 한국시리즈 2승째를 따냈다. 엎치락뒤치락하는 경기가 됐고 마지막 이닝, 오지환(33)의 결승포로 웃었다.

LG는 10일 수원KT위즈파크에서 열린 2023 KBO 한국시리즈 3차전 KT와 경기에서 9회초 터진 오지환의 결승 3점 홈런을 앞세워 8-7로 LG가 다시 우위에 섰다.

치열한 승부였다. LG 오스틴 딘의 스리런을 통해 3-0으로 앞섰다. KT가 3회말 1점, 5회말 3점을 내며 4-3으로 뒤집었다.

6회초 박동원의 역전 투런 홈런이 터지며 5-4로 다시 앞섰다. 8회말 황재균의 동점 적시 2루타에 이어 박병호의 2점 홈런이 폭발, 7-5로 또 KT가 리드를 잡았다.

그리고 운명의 9회초. 2사 1, 2루에서 오지환이 우월 3점 홈런을 날렸다. 스코어 8-7로 LG가 다시 우위에 섰다. 9회말 마지막 위기가 있었지만, 이정용 투수-포수-1루수로 이어지는 병살타를 만들며 경기를 끝냈다.

이날 LG 오지환은 결승 3점 홈런을 포함해 2안타 3타점 1득점으로 날랐다. 패색이 짙었던 9회 결정적인 대포를 봤다. 천금 그 자체였다. '캡틴'이 쏭쏭이 군단을 구했다. 이하 오지환 일문일답.

- 9회 3점 홈런 상황을 설명한다면.

간절했다. 오스틴이 계속 파울을 지면서 버텼다. 출루했으면 좋겠다는 생각을 했다. 내가 나갔을 때 안타를 쳐서 연결할 수도 있었다. 가장 좋은 결과, 큰 결과가 나왔다. 김재윤이 초구에 체인지업인지 포크인지 모르겠지만, 빠졌다. 1볼이 됐다. 속구가 올 것이다 라고, 들어

야겠다고 생각했다. 한 번에 맞아떨어졌다. 거짓말처럼 그렇게 됐다.

- 김재윤 초구가 빠진 후 장성우가 마운드에 올라갔다. 어떻게 생각을 정리했나.

(장)성우 형 입장에서 생각을 해봤다. 우리나라에서 내로라하는 마무리 투수이라다. 변화구로 시작했다. 내가 알 수는 없지만. '감정이 속구냐 속구를 던져라'고 이야기했을 것 같았다. 단순하게 봤다. 카운트 1-0이었고, 속구가 날아왔다.

- 실책이 있어서 마음고생이 있었을 것 같은데.

날씨가 추웠다. 수원 또 그라운드가 딱딱하다. 바운드 측정을 제대로 하지 못했다. 잡을 수 있는 타구였는데 순전히 내 실수다. 그러면서 큰 위기를 맞이했다. 마음의 짐이 있었다. 역전까지 당했다. 그나마 긍정적인 것은 우리 30능 정도 남아있었다는 점이다. 점수차가 3-4였다. 한 번의 찬스면 뒤집을 수 있다고 믿었다. (박)동원이가 역전까지 만들어줬다.

- 박동원 홈런과 자신의 홈런 중에 뭐가 더 좋은가.

둘 다 기쁘다. 2승을 해야 우위를 점하고 있으니까 동원이가 한몫했다고 할 수 있을 것 같다. 중요한 점수 아닌가. 찬스가 왔을 때 끝낼 수 있는 점수를 만들어줬다. 의미가 있다. 나도 한국시리즈가 처음이다. 포스트시즌에서 역시 남겼던 것도 처음이다. 의미가 많다.

- 커뮤니티에서 박동원이 롤렉스를 찼다고 했다가, 오지환이 뺏어다고 한다.

우스갯소리로 그랬다. '역전 홈런 2개면 끝 아니냐'고 했다. 말로는 롤렉스를 타고 싶다고 했지만, 나는 우승이 첫 번째다. 나는 15년이고, 팬들은 29년이다. 한 번도 오지 않은 순간이다. 우승이 가장 큰 목표다.

수원 | 김동영기자 raning99@sportsseoul.com

KS 데뷔전 환상투 뽐낸 김윤식 "승리에 한몫 기분 좋다"

KS 4차전 홈런 3개 포함 타선 폭발, 대승 거둬

한국시리즈 데뷔전이었다. 그야말로 '환상투'를 뽐냈다. 데일리 MVP에도 선정됐다. LG 김윤식(23)이 날랐다. 이제 LG는 우승까지 단 1승만 남겼다.

김윤식은 11일 수원KT위즈파크에서 열린 2023 KBO 한국시리즈 4차전 KT와 경기에서 선발 등판해 5.2이닝 3피안타 1볼넷 3탈삼진 1실점의 호투를 뽐내며 승리투수가 됐다.

이날 LG는 김윤식의 호투 속에 타선이 홈런 3개 포함 장단 17안타를 폭발시키며 15점을 뽑아냈다. 15-4 대승이다.

이로써 시리즈 전적 3승 1패가 됐다. 역대 한국시리즈에서 무승부를 포함해 3승 1패 상태를 만드는 경우는 17번이었다. 그 가운데 16번에서 우승으로 이어졌다. 확률 94.1%의 결과이다.

김윤식의 호투가 없었다면 불가능했다. 살짝 우려가 있었던 것도 사실이다. 정규시즌에서 조금은 들쭉날쭉했기 때문이다. 부상으로 인해 힘겨운 시간을 보냈다.

정말 중요한 순간 환상투를 뽐냈다. 87개의 공을 던지며 6회 2사까지 막았다. 최고 시속 144km의 속구에 체인지업-커브 조합이 돋보였다. 딱 4개 던졌지만, 슬라이더 역시 양념으로 충분했다.

4차전 승리로 2승 2패 균형을 맞추고자 했던 KT 타선에게 질망을 안긴 김윤식의 호투다. 그렇게 LG가 우승까지 1승만 남겨두게 됐다.

경기 후 김윤식은 "승리에 한몫해서 기분 좋다. 신인부터 4년 내내 포스트시즌에 나가고 있다. 긴장을 좀 안 하게 됐다. 편하게 임한 것 같다"고 설명했다.

이번 한국시리즈 LG의 첫 선발승의 주인공이다. LG 투

수가 한국시리즈에서 선발승을 거둔 것은 2002년 11월4일 한국시리즈 2차전 라벨라 만자니오 이후 7677일 만이다. 김윤식은 "선발승이 오래된 것은 안다. 2002년이다. 내가 그때 3살이었다"고 말하며 웃었다. 이하 김윤식 일문일답.

- 승리 소감은.

이기는 데 한몫해 기분 좋다. 현수형이 흐름 쳐서 편하게 투구했다.

- 작년 포스트시즌과 올해 한국시리즈, 차이는 무엇인가.

신인부터 4년 내내 포스트시즌을 나갔다. 이제는 긴장은 좀 안 하게 됐다. 작년에 잘한 덕분에 이번 시리즈는 편하게 임한 것 같다.

- 뒤에 불펜 투수들이 대기하고 있었다. 언제든 불펜 데이를 할 수 있는 상황이었다.

목표를 2이닝이든 3이닝이든 그냥 점수만 안 주려고 했다. 나름 이미지 트레이닝을 하면서 공 하나하나 최선을 다했다.

- LG의 한국시리즈 선발승이 굉장히 오랜만이다. 알고 있나.

기록을 자세히 모르겠다. 선발승이 오래된 것은 안다. 2002년이다. 그때 세 살이었다.

- 작년 플레이오프 3차전에서 5.1이닝을 던졌다. 오늘 6이닝을 생각하지는 않았는지.

6이닝 생각했는데 연속 안타 맞고 벤치에서 구위가 떨어졌다고 판단한 것 같다. 좋은 분위기에서 내려와 다행이다.

- 앞으로 역할은 무엇이 될까.

이제 응원단장할 것 같다. 열심히 응원하겠다.

수원 | 윤세호·김동영기자

스포츠서울

2023년 11월 14일 화요일 · sportsseoul.com · 제11405호 50판

2023 KBO리그 한국시리즈 5차전
LG Twins 6 - 2 KT Wiz
승리투수: 켈리 / 패전투수: 고영표

- 故 구본무 회장이 남긴 롤렉스 주인은 ❷
- LG 팬들 '웃기고 울린' 영광의 순간들 ❻

무적 LG!

29년 트윈스 팬들의 외침, 한국시리즈 우승으로 응답하다

LG 오지환(오른쪽)이 13일 잠실구장에서 열린 2023 KBO리그 한국시리즈 5차전에서 KT와 경기에서 승리하며 29년 만의 우승을 확정한 뒤 투수 켈리와 포옹을 하고 눈물을 흘리고 있다. 잠실 | 박진업기자 upandup@sportsseoul.com

LG가 29년 만의 왕좌에 올랐다. LG는 13일 잠실구장에서 열린 KT와 한국시리즈(KS)에서 6-2로 승리, 시리즈 전적 4승 1패로 2023년의 왕이 됐다.

2019년부터 2022년까지 4년 연속 포스트시즌에는 진출했지만, 정상 무대는 오르지도 못했던 LG가 마침내 많은 이들의 염원을 이뤘다. 선수와 프런트, 그리고 KS 무대를 유랑 점퍼로 도배시켜준 팬들의 한이 시원하게 풀렸다.

캡틴 오지환의 과감한 한마디가 현실이 됐다. 4차전 승리 후 "무조건 끝낼 생각이다. 다시 긴장하면서 다잡고 있다. 6~7차전까지 갈 일은 없다. 거기까지 생각하지 않겠다. 기세로 보나, 분위기로 보나 우리가 우위"라는 다짐이 마지막 남은 1승을 채웠다.

선발 투수 케이시 켈리가 5이닝 1실점으로 4이닝 3실점한 고영표에게 우위를 점했다. 박해민이 3회말 2타점 적시타와 3루 도루로 얻은 득점, 4회초 상대 공격 흐름을 끊어내는 다이빙 캐치로 공수에서 펄펄 날았다. 5회말 김현수의 2타점 적시타로 승기를 잡았고 유영찬, 함덕주, 고우석이 나란히 등판해 통합우승을 완성했다.

부담은 특권, 그 너머에 정상이 있다

미국 여자 테니스 스타 빌리 진 킹(79)의 명언이 있다. "부담은 특권(Pressure is a privilege)"이라는 말이다. 테니스 슈퍼스타였던 그는 총 39차례 그랜드 슬램 우승. 그리고 윔블던에서만 20차례 우승 트로피를 들어 올렸다.

자신이 남긴 명언처럼 킹은 극도의 부담과 긴장을 즐기면서 극복했다. 수많은 이들이 자신에게 던지는 기대를 부담이 아닌 특권이라고 외치며 정상에 올랐다. 이후 그의 명언은 종목을 불문하고 슈퍼스타들의 단골 멘트가 됐다.

메이저리그 월드시리즈 우승 경력의 사이영상 투수 맥스 슈어저도 우승 청부사로서 팀을 옮길 때마다 킹의 명언을 되새기곤 한다. 자신을 향한 기대가 클수록 그 기대를 현실로 이뤘을 때 얻는 것도 크다고 다짐했다. 부담을 피하지 않고 정면으로 맞설 때 이들을 해결할 가능성도 높아진다.

LG 역시, 부담에 정면으로 맞선 결과다. 작년까지는 포스트시즌과 같은 빅스테이지에 서면 부담에 사로잡혀 움츠러들었던 선수들이 올해는 당당히 자신의 플레이를 펼치는 데 주저하지 않았다. 실패 후에 오히려 더 과감했다. 헛스윙 후에도 풀스윙. 도루 실패 후 다시도 루를 시도했다.

낯선 장면도 아니다. 페넌트레이스 144경기를 치르며 수없이 목격했던 모습이다. 관건은 정규시즌 모습을 KS에서 어떻게 다시 끌어내느냐 였는데 사령탑과 코칭스태프, 선수들의 마음이 하나로 통했다. KS에 앞서 염경엽 감독은 "우리 모두 정말 절실하다. 이 절실함이 과감함과 담대함으로 이어진다면 충분히 우리가 원하는 대업을 이룰 수 있을 것"이라고 자신했다.

챔피언으로 향한 길

시작부터 나오지는 못했다. KS 1차전 주자들은 스타트를 주저했고 타자들은 KT 불펜 투수들의 정면 승부에 타이밍이 늦었다. 하지만 2차전부터 180도 달라졌다. 캡틴 오지환의 "안타도 중요하지만 장타가 필요하다"는 한마디가 선수단 전체에 불을 붙였다. 오지환이 6회 직접 추격의 솔로포를 쏴 올렸고 8회엔 박동원이 결승 투런포를 터뜨렸다. 헛스윙 후에도 풀스윙, 초구라도 눈에 들어오면 과감히 배트를 돌려 드라마를 만들었다.

2차전 홈런 2개는 대폭발 시발점이 됐다. 역사에 남을 KS 3차전. LG는 홈런 3개로 8-7 대역전극을 완성했다. 3회 오스틴 딘의 스리런포를 시작으로 6회 박동원의 투런포, 그리고 9회 오지환의 역전 결승 스리런포로 수원을 덮은 유광점퍼 물결에 눈물을 더했다.

4차전은 김현수 차례. 1회 선제 투런포를 터뜨렸고 이후 문보경, 오지환이 폭발했다. 4차전 15-4 완승 후 결승 홈런의 주인공 김현수는 "2차전 지환이가 장타를 예기한 후 홈런 하나를 쳤다. 아무래도 그때 홈런 하나가 나오면서 선수들이 마음을 편하게 먹고 장타도 나오는 것 같다"며 "어릴 때는 KS에서 과감하지 못했다. 이제는 과감하면서도 침착하게 할 수 있는 것 같다"고 말했다.

주루플레이도 그랬다. 도루 실패와 견제사가 나와도 뛰었다. 성공보다 실패가 많아도 두려워하지 않는다. 불굴의 과감함이 KS 무대에서도 선수단 전체에 녹아들었다. 상대 투수 몸쪽 공에 바짝 붙으며 몸에 맞는 볼을 바라기보다는 더 적극적으로 배트를 돌렸다. 한 타이밍 빠르게 몸쪽을 때리는 스윙으로 대처했다. 수동적인 방법이 아닌 능동적인 자세로 난타를 풀었다. 3차전 오스틴의 좌측 파울폴을 강타한 홈런이 그랬다.

핀스트라이프 왕조의 개막

염 감독은 1차전부터 5차전까지 초지일관으로 밀고 나갔다. 상대 선발 투수 유형과 관계없이 똑같은 라인업을 펼쳤다. 충분히 절실했고 그 절실함이 부담을 넘어 과감함과 담대함이 됐다. 감독부터 선발 투수 조금이라도 흔들리면 1회에도 과감하게 불펜을 가동했다.

결정적인 순간 부담에 짓눌려 다리가 떨리지 않고 배트가 나오지 않았던, 그리고 투수 교체가 늦었던 LG와는 이제 이별이다. 부담 너머에 자리한 특권을 누릴 자격을 얻었다. 29년 긴 시간 동안 수없이 흘린 아픔의 눈물이 비로소 환희의 눈물이 됐다.

유광점퍼가 당당하게 올해의 주인공으로 등극했다. 돈으로도 살 수 없는 우승 경험을 얻었다. 주축 선수 대다수가 전성기를 누릴 시기다. 젊은 선수들은 매년 성장했다. 염 감독은 '장기집권'을 다짐했다. 핀 스트라이프 왕조, 새로운 황금기의 시작점이 찍혔다.

KS 관련기사 2~6면

잠실 | 윤세호기자 bng7@sportsseoul.com

LG, 29년 만에 정규시즌 우승

스포츠서울
2023년 10월 4일 수요일 | sportsseoul.com 제11377호 36판

LG트윈스 2023 KBO리그 정규시즌 우승기념 특별판

지난 10년간 '육성'에 방점, 최강팀 등극 원동력
염경엽 감독 부임 뒤 루틴 정립… 버티는 힘 생겨
KS까지 한 달 이상 준비 기간… 통합우승 정진호

LG 오지환이 지난 4월 25일 잠실구장에서 열린 2023 KBO리그 SSG와 경기에서 9회말 1사 2루 끝내기 안타를 친 뒤 동료들과 기뻐하고 있다.

29년의 기다림, 마침내 축포를 터트렸다. 강산이 세 번 바뀌기 직전. 숙원 하나를 풀었다. 4일 롯데와 원정경기에 임하기 위해 부산으로 이동하던 버스 안에서 정규시즌 우승을 맞이했다. 이제는 통합우승이라는 초목표를 향해 달린다. LG는 지난 긴 세월이 무색할 정도로 빠르게 1위를 확정지었다. 2018년 이후 가장 빠른 페넌트레이스 우승이다.

매직넘버 1이 그냥 사라졌다. 3일 수원에서 열린 KT와 KIA의 경기에서 KIA가 승리, 문학에서 열린 SSG와 NC의 경기에서 SSG가 이기면서 LG는 이날 경기 없이 정규시즌 우승에 도달했다. 3일 기준 시즌 전적 82승 51패 2무 승률 0.617. 남은 9경기에서 LG가 전패를 당해도 1위로 정규시즌을 마친다.

정규시즌 종료일을 모르는데 우승이 확정되는 이례적인 일이 벌어졌다. KBO는 아직 10일 이후 잔여 경기 일정을 발표하지 않았다. LG는 10일까지 142번째 경기에 임하고 10일 이후 3경기가 남는다. 그런데 10일 이후 진행할 3경기 일정을 모른다. LG는 그만큼 빠르게 페넌트레이스 결승점에 도달했다.

LG는 1994년에도 2023년처럼 선두를 독주하며 일찌감치 한국시리즈 직행을 이뤘다. 하지만 시즌 막바지 1위 자리를 놓쳤고 2003년부터 2012년까지는 10년 암흑기를 겪었다. 2013년 암흑기에서 탈출한 이후부턴 꾸준히 가을무대에 섰으나 좀처럼 정상에 닿지 못했다. 특히 지난 3년 동안에는 1위를 끝까지 쫓기만 했다. 유독 기다림이 길고 고통도 심했는데 마침내 대업을 이뤘다.

페넌트레이스 우승을 확정한 염경엽 감독은 "우여곡절이 굉장히 많았지만 우리 선수들이 잘 뭉쳤다. 올시즌 내가 화 많이 내고, 잔소리도 많이 했지만, 선수들을 잘 이끌어준 코치들에게 고맙다. 그리고 현장을 지지해주고 믿어주신 구광모 구단주님, 구단을 구단주 대행님, 김인석 대표이사님, 차명석 단장님께 정말 감사드린다. 뒤에서 그림자처럼 지원해주신 점에 감사를 전한다. 또 우리 프런트들 전체, 팀장들부터 시작해서 모두들 현장에 도움을 주기위해 노력했다. 함께 고생한 프런트들 전체, 팀장들과 함께 이 기쁨을 함께 하고 싶다"라고 밝혔다.

이어 "첫 번째 목표를 달성해서 너무 기쁘다. 가장 큰 두번째 목표인 한국시리즈가 남았다. 지금부터 휴식과 훈련 계획을 잘 짜고 준비 잘해서 마지막까지 우리가 웃을 수 있도록 준비 잘 하겠다"고 다짐했다.

KS 우승을 위해, KBO리그에선 1위가 절대적으로 유리하다. 이른 1위 확정은 더 그렇다. 이제 LG는 수월하게 페넌트레이스를 마무리하며 KS 무대를 바라볼 계획이다. 남은 9경기에서 선발 로테이션을 정상적으로 돌리면서도 관리와 휴식이 필요한 투수들은 마운드에 서지 않고 한국시리즈를 준비한다. 야수진도 선수의 의견을 적극 반영해 출전 여부를 결정한다. 초스피드로 1위를 확정해 한국시리즈까지 한 달 이상의 여유와 준비 기간을 얻을 수 있다. 통합우승을 향한 청신호도 밝힌 것.

매년 우승후보로 평가됐으나 고배를 넘지 못하던 LG는 올해 어떻게 최강팀이 됐을까. 지난 10년간 육성에 방점을 두고 스카우트부터 내실을 다진 게 원동력이다. 2014년 개장한 이천 챔피언스파크는 육성 기치를 더욱 크게 외침 자양분이 됐다.

그룹과 구단의 전폭적인 지원에도 불구하고 LG가 우승과 인연을 맺지 못한 건 실패에 대한 두려움이 앞선 탓이다. "우승이 아니면 실패"라는 것을 잦은 수장 교체로 증명했으니, 구단과 선수단 모두 급할 수밖에 없었다.

지난해도 선두에 2경기 차로 플레이오프 직행을 일궈냈지만, 키움에 덜미를 잡히자 류지현 감독과 재계약하지 않고 새 사령탑을 앞세웠다. LG의 숙원과 전통, 조급함을 모르지 않던 염경엽 감독에게 지휘봉을 맡긴 건 최선의 선택이었다. 염 감독 역시 넥센(현 키움)과 SK(현 SSG) 시절 대권 도전에서 실패해 구겨진 자존심을 만회해야 한다는 집념으로 야구공부에 열을 올렸다.

실제로 LG는 염 감독 부임 이후 가장 드라마틱하게 변한 팀으로 올라섰다. 특히 '타격의 팀'으로 거듭나 투수들이 지쳤을 때 버틸 수 있는 무기를 장착했다. 타격의 팀으로 이미지를 바꾼 건, 염 감독이 강하게 강조한 두 가지 테마 덕분.

첫째는 개인별 루틴을 정립하는 것. 경기 때만이 아니라 경기 간, 타석 간, 투구 간 루틴을 만드는데 집중했다. 경기 간 루틴은 경기가 끝난 뒤 다음 경기 시작 전까지다. 더 세밀하게 쪼개면 경기 후 숙소 혹은 가정으로 돌아갈 때부터 다음날 구장에 출근해 팀 워밍업을 시작하기 전까지 루틴이다. 어떻게 쉬고, 무엇을 먹느냐는 컨디셔닝에 직접적인 영향을 끼친다.

둘째는 확실한 공략법 주문이다. 타자(주로 젊은)는 속구에 포커스를 맞추고 히팅포인트 앞에서 스윙하는 것에만 집중했다. 시속 150km짜리 속구를 제 타이밍에 때려낼 수 있으면 상대 배터리가 속구 승부를 쉽게 할 수 없게 만든다. 당연한 얘기인 것 같지만, 투구를 크게 속구·변화구로 나눌 수 있는데, 이 두 가지 중 하나를 지워내는 셈이 된다. 무시할 수 없는 공략법이다.

무엇보다 벤치는 루틴 정립과 확실한 공략법의 중요성만 강조할 뿐 실패를 탓하지 않았다. 요소요소에 적극적으로 개입하면서 승리를 따내는 빈도가 높아지면서 자연스레 신뢰가 형성됐다. 책임은 벤치로, 성공은 선수로 돌릴 근거가 마련된 셈.

부임 한 시즌 만에 팀 색깔을 완전히 바꿔 놓은 염 감독은 "야수 육성에는 실패했다"고 단언했다. 이미 한국시리즈 이후 목표를 설정했다는 의미다. 현재에 만족하지 않고 더 먼 미래를 내다보는 눈. 이 또한 이전의 LG에는 없던 모습이다. 바야흐로 '서울의 자존심, 팀 트윈스'의 시대가 도래했다.

장강훈·윤세호 기자 zzang@sportsseoul.com

2023 KBO리그 정규시즌 우승

스포츠서울

25 화

제2990호

1994년 10월 25일(火) 25판 가정판

신선한 진로 매실주 梅心

무적시대

이번엔 유람선 화재

충주호서 <기사 23면>

V마운드 건재+심재학등 가세 '더 세진다'

스포츠서울 "사은" 큰잔치

지령3천호 기념 자축의 밤

11월7일 각계인사 초청

프레스센터 국제회의장서

서울현대도예공모전 오늘 개막

하오 4시30분 시상식–서울갤러리서 30일까지 전시

스포츠서울

4 금

제2999호

1994년 11월 4일(金) 25판 가정판

신선한 진로 매실주 梅心

고려大 슬러거

심재학

"내가 최고"

2억3천만원

LG입단

심은하 1억 받고 영화 출연 <기사 18면>

광고·판매 사원모집 <社告> 22면

스포츠서울 "사은" 큰잔치

지령3천호 기념 자축의 밤

11월7일 각계인사 초청

프레스센터 국제회의장서

◇역대 억대계약금 신인

SPORTS SEOUL COVERAGE OF LG TWINS

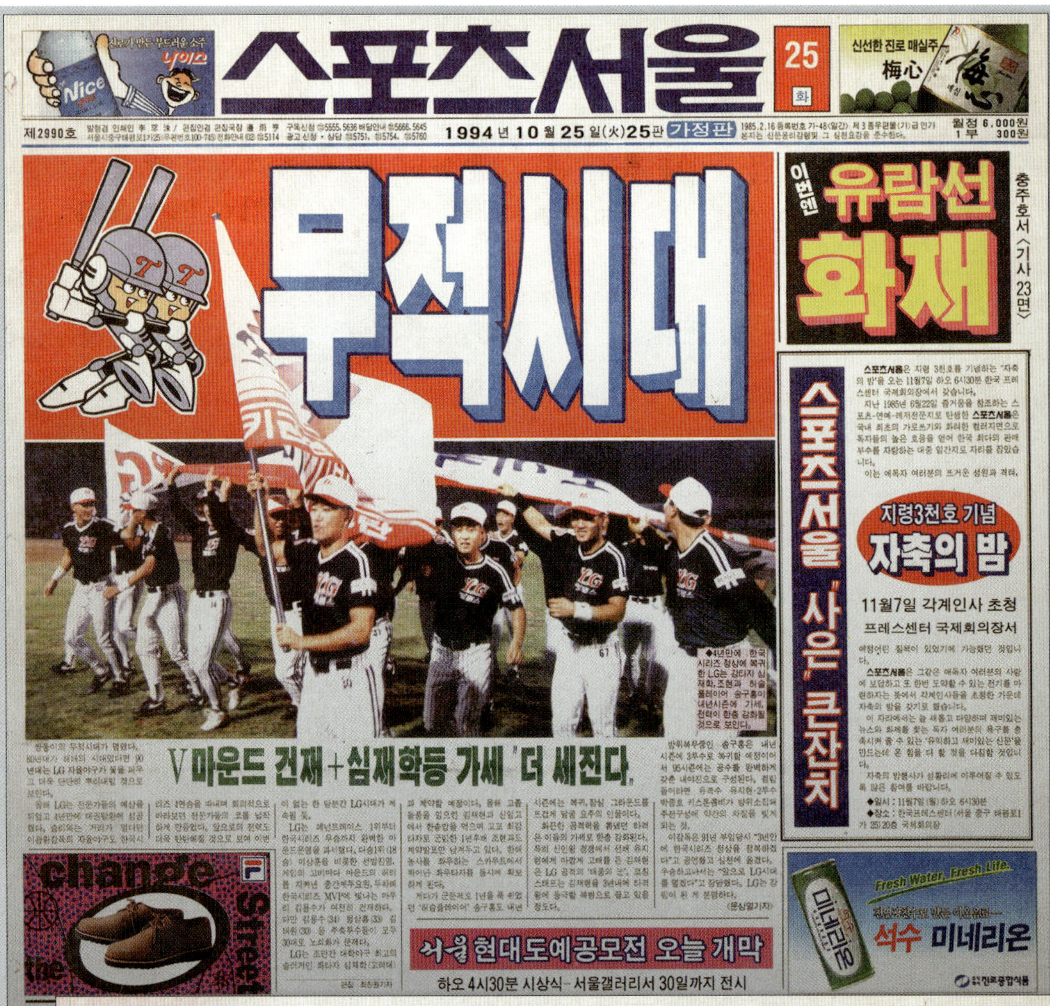

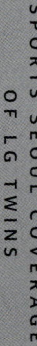

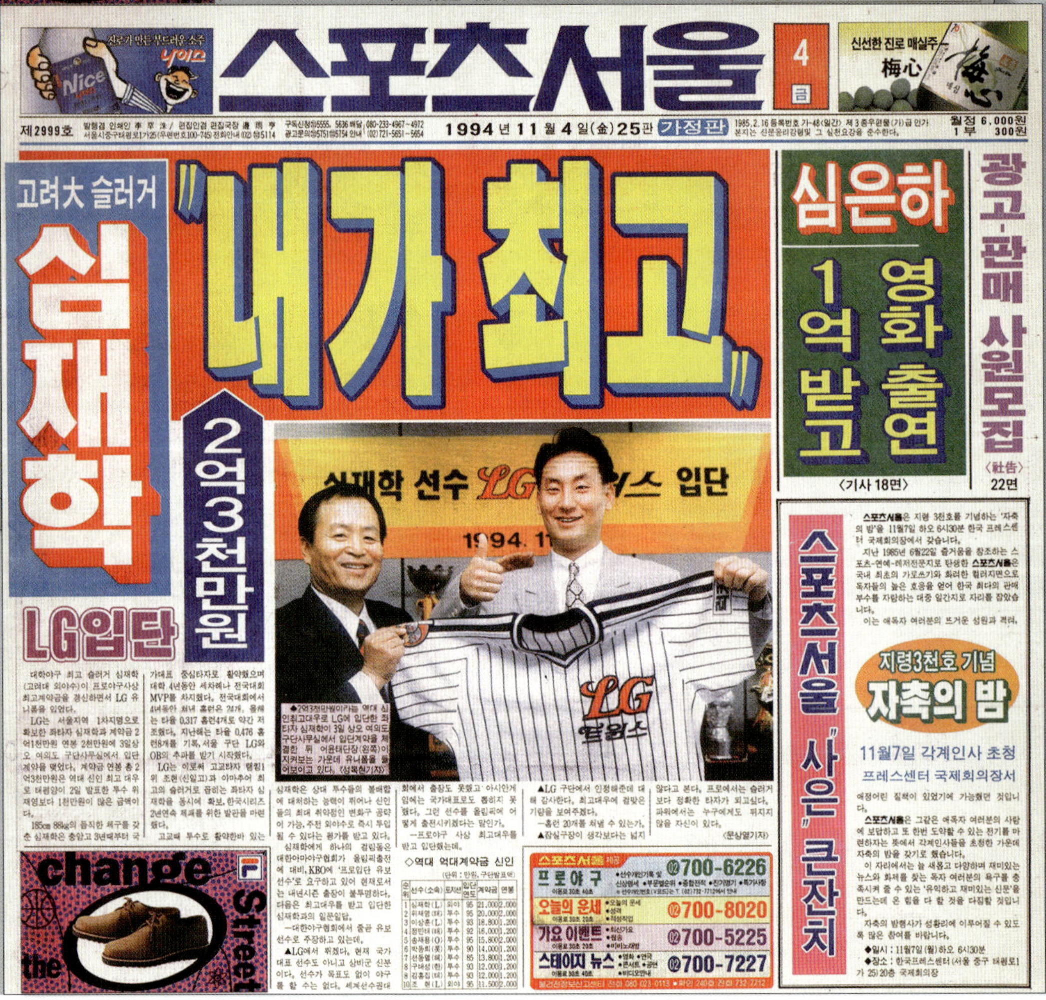

스포츠서울에 비친 무적 LG

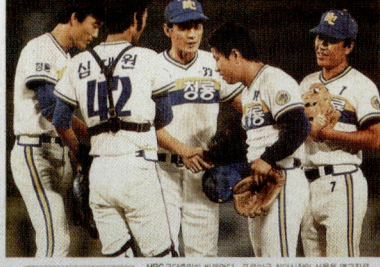

4개의 별, LG 트윈스의 역사
창단과 우승의 기록 - 스포츠서울에 비친 무적 LG

THE HISTORY OF LG TWINS

2025 KOREAN SERIES CHAMPIONS

한국시리즈 MVP | **김현수**   한국시리즈 우승감독상 | **염경엽**

MVP

한국시리즈 우승의 주역들 - 경기별 MVP·시리즈 MVP

5차전 MVP | **톨허스트**　　　　　5차전 오늘의 포텐터짐상 | **오지환**

2차전 오늘의 포텐터짐상 | 홍창기　　　　4차전 MVP | 김현수

한국시리즈 우승의 주역들 - 경기별 MVP·시리즈 MVP

1차전 MVP | **톨허스트**   2차전 MVP | **문보경**

2025 KOREAN SERIES CHAMPIONS

염경엽 감독의 헹가래
2년 만이라 좀 낯설다. 매년 헹가래를 받아 보자.

2025 한국시리즈 우승

2025 KOREAN SERIES CHAMPIONS

> 돌아온 챔피언, 언제나 팬과 함께.
> 팬과 함께였기에, 우리는 돌아올 수 있었다.

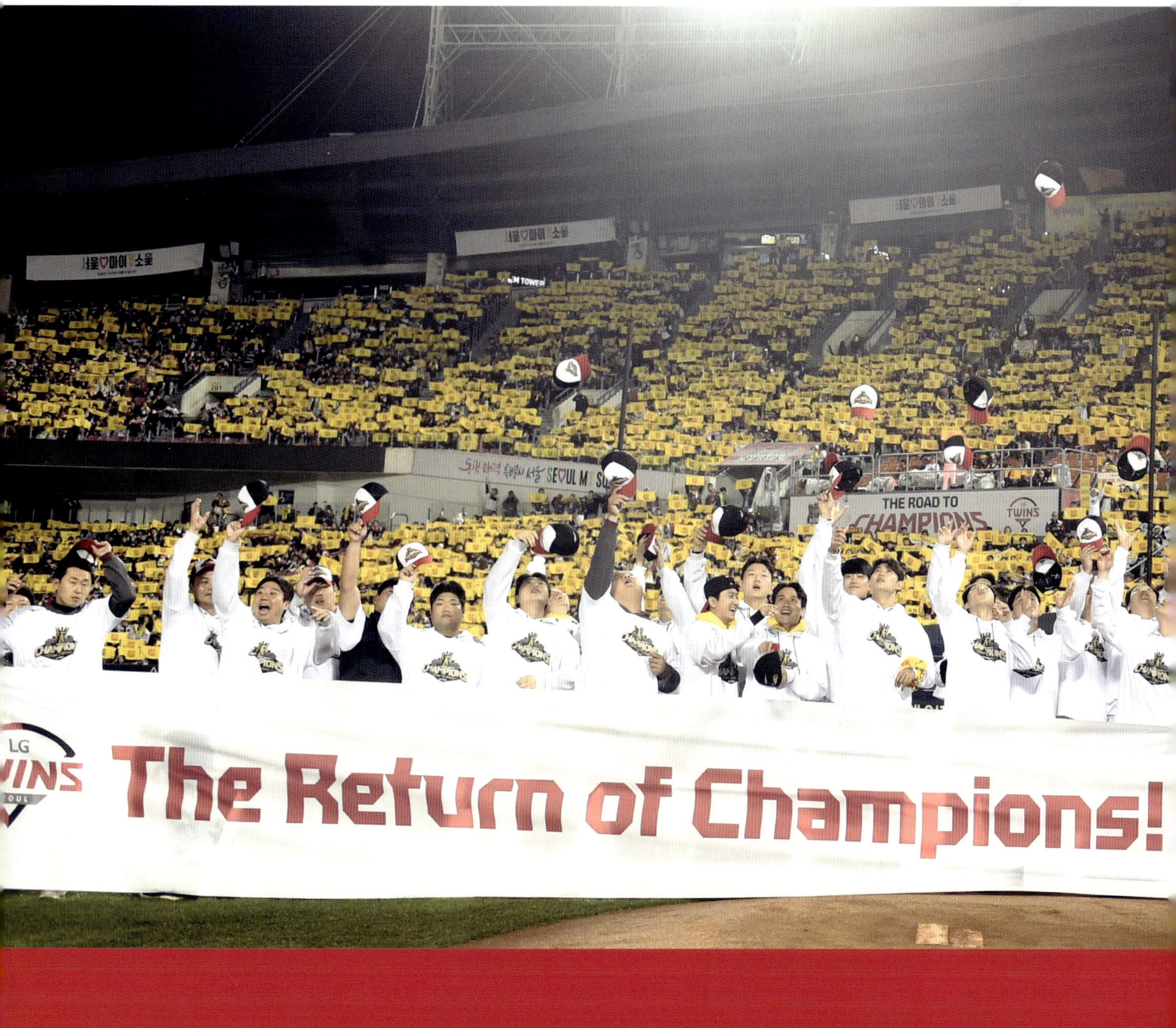
The Return of Champions!
THE ROAD TO
CHAMPIONS
TWINS

2025 KOREAN SERIES CHAMPIONS

관중석에서는 무적 LG의 우승에 환호하는 팬들의 함성이 여전히 울려 퍼진다.

LG TWINS FAN EVENT

2025 KOREAN SERIES CHAMPIONS

팬행사에서 염경엽 감독과 주장 박해민, 투수 임찬규가 V4 트로피를 들어 올리고 있다.

LG TWINS FAN EVENT

2025 KOREAN SERIES CHAMPIONS

우리는 챔피언이다.

2025 한국시리즈 우승

모든 선수들이 더그아웃에서 뛰쳐나와
마운드로 달려간다.
이 순간을 위해 다시 달렸다.

2025 한국시리즈 우승

2025 KOREAN SERIES CHAMPIONS

V4를 확정 짓는 마지막 아웃카운트. 마무리 투수 유영찬이 포효하고 포수 박동원이 마운드로 달려가는 순간

2025 한국시리즈 우승

V4!
통합 우승으로 왕조의 황금기를 활짝 연다

우승 순간,
다시 한번 잠실과 대전을 채운 함성

The Championship Moment

2025 KOREAN SERIES CHAMPIONS

오키나와 연습 경기

가을 야구만으로 만족할 수 없다.
왕좌에서 웃자!

V4를 다짐하며, 왕조의 황금기를 열기 위해 우리 모두는 땀을 흘렸다.
시즌 전 애리조나 캠프에서, 오키나와 연습 경기에서도 그리고
홈 잠실 야구장과 LG챔피언스파크에서도 끊임없이 땀흘리고
서로를 격려하며 준비했다.

애리조나 캠프 훈련

애리조나의 뜨거운 태양도 선수들의 훈련 열기를 이겨낼 수 없었다.
오늘의 땀방울을 내일의 영광으로!

2025 KOREAN SERIES CHAMPIONS

애리조나 스프링 캠프

애리조나 캠프 훈련

2025 LG Twins Baseball Club Spring Camp
Scottsdale, Arizona 2025.1.23~2025.2.21

**V4의 첫 걸음,
애리조나의 태양 아래서 시작되다.**

THE RETURN OF CHAMPIONS

29년의 기다림을 끝낸 2023년의 우승,
그후 2년 만의 통합 우승.
V3의 감동을 V4의 함성으로 이어 왕조의 황금기를 연다.
무적 LG 트윈스가 돌아왔다.

2023 ▲ 2년 전 V3 우승 당시 환호하던 관중석 모습

2025 ▼ 2025년 V4 우승에 다시 환호하는 관중석 모습

2025년 한국시리즈 우승 깃발을 흔드는 선수단

2025 KOREAN SERIES CHAMPIONS

2025년 한국시리즈 우승 트로피를 든 선수단

2025 한국시리즈 우승

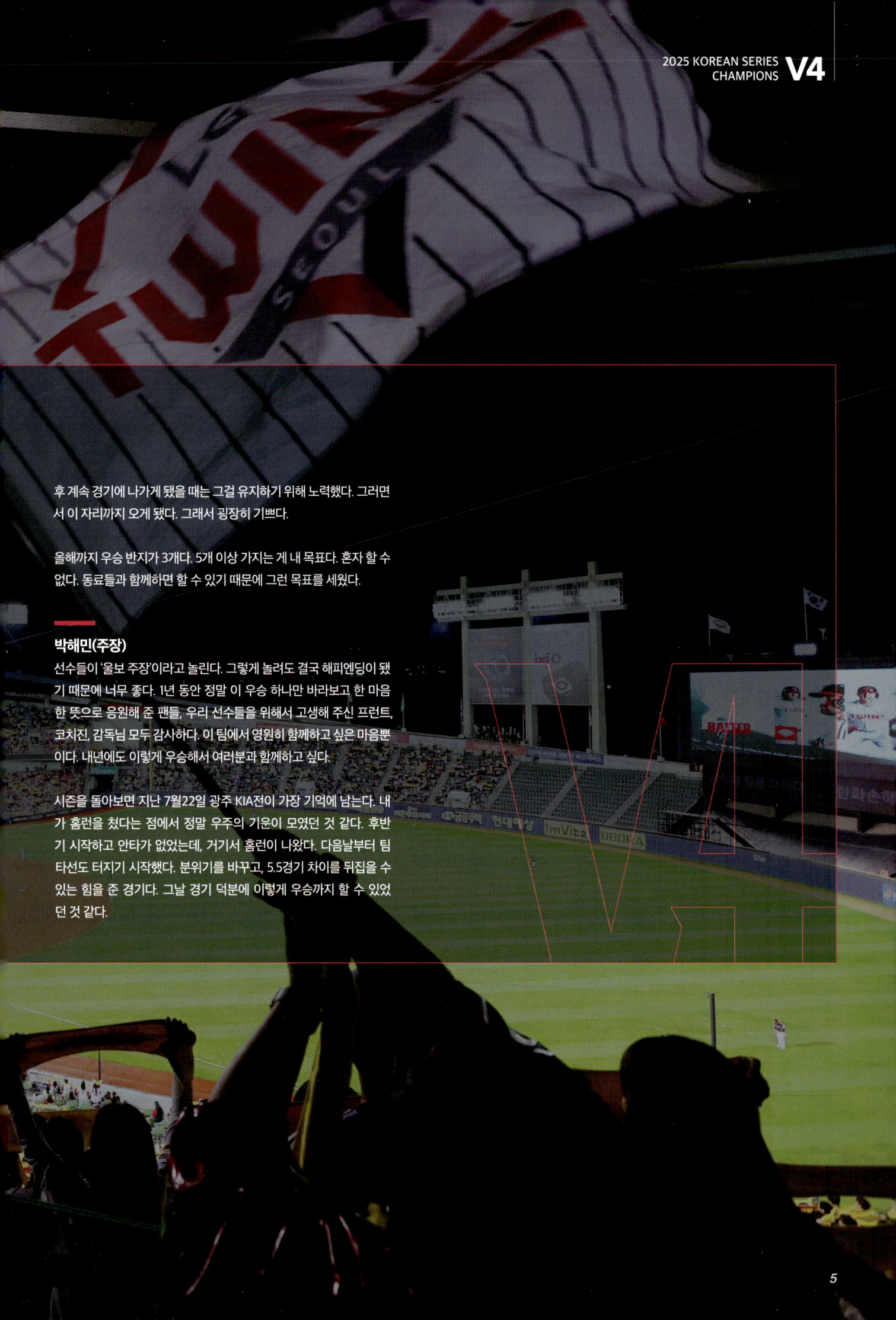

2025 KOREAN SERIES CHAMPIONS **V4**

후 계속 경기에 나가게 됐을 때는 그걸 유지하기 위해 노력했다. 그러면서 이 자리까지 오게 됐다. 그래서 굉장히 기쁘다.

올해까지 우승 반지가 3개다. 5개 이상 가지는 게 내 목표다. 혼자 할 수 없다. 동료들과 함께하면 할 수 있기 때문에 그런 목표를 세웠다.

박해민(주장)

선수들이 '울보 주장'이라고 놀린다. 그렇게 놀려도 결국 해피엔딩이 됐기 때문에 너무 좋다. 1년 동안 정말 이 우승 하나만 바라보고 한 마음 한 뜻으로 응원해 준 팬들, 우리 선수들을 위해서 고생해 주신 프런트, 코치진, 감독님 모두 감사하다. 이 팀에서 영원히 함께하고 싶은 마음뿐이다. 내년에도 이렇게 우승해서 여러분과 함께하고 싶다.

시즌을 돌아보면 지난 7월22일 광주 KIA전이 가장 기억에 남는다. 내가 홈런을 쳤다는 점에서 정말 우주의 기운이 모였던 것 같다. 후반기 시작하고 안타가 없었는데, 거기서 홈런이 나왔다. 다음날부터 팀 타선도 터지기 시작했다. 분위기를 바꾸고, 5.5경기 차이를 뒤집을 수 있는 힘을 준 경기다. 그날 경기 덕분에 이렇게 우승까지 할 수 있었던 것 같다.

구단관계자 감사 메시지

염경엽 감독

한 시즌을 치르면서 정말 어려움이 많았지만, 그런 어려움을 프런트, 코치진, 선수단이 서로 소통하고 메워 가면서 시즌을 치렀다. 누구 한 사람이 특출난 게 아니다. 팀이라는 이름 아래, 서로 마음 공유하면서 1위를 했다. 그래서 더 뜻깊다. 3년 계약 기간 동안 두 번 우승하게 해 준 선수단, 코치진, 프런트, 그리고 지원을 아끼지 않고 애정해 준 구광모 구단주, 구본능 구단주 대행에게 팀의 수장으로서 감사하다고 전하고 싶다.

한 시즌 동안 원정, 홈 가리지 않고 열정적으로 응원해 준 팬 덕분에 우리가 힘을 낼 수 있었다. 질타보다 많은 격려를 해 준 덕분에 우리 선수들이 힘을 낼 수 있었다. 한 시즌 동안 열렬한 응원을 보내 줘서 너무 감사하다. 즐기는 건 잠깐이다. 23년 우승하고 나서 24년 3위라는 아쉬움이 있었다. 우승 다음에 무엇을 준비해야 하는지 코치진, 프런트와 소통하겠다. 그래서 내년에도 이 자리에 설 수 있도록 준비하겠다.

차명석 단장

우승하면 당연히 더 이상 좋을 게 없다. 응원해 주신 팬들과 염경엽 감독과 코치진, 그리고 열심히 뛰어준 선수들에게 감사하다.

2년 전에 우승 한 번 하고 나서 지난해 아쉽게 3위를 했다. 그런데 이렇게 빨리 반등할 수 있어서 너무 감사한 마음뿐이다. LG 트윈스가 조금 더 큰 명문 구단으로 가기 위해서는 앞으로도 계속 이런 모습을 보여 줘야 한다. 그래서 일단 기쁜 마음이 가장 먼저 드는 게 사실이면서도, 한편으로는 단장으로서 책임감도 느낀다. 앞으로도 열심히 해서 LG 트윈스가 더 크게 도약할 수 있도록 돕겠다.

김현수(시리즈 MVP)

우승해서 너무 기분이 좋다. 한국시리즈 MVP를 받았다. 프로야구 선수를 한 지 20년이다. 나에게 이런 날이 올 거라고 생각도 못 했다. 올 시즌 성적과 함께 큰 상을 받게 돼서 기분 좋다.

시즌 시작하기 전에 지난 두 시즌 동안 나답지 않은 성적이 나와서 많은 걱정도 했다. 몸 상태가 안 좋았다면 모르겠는데, 몸도 정말 건강하고 체력도 다른 선수들보다 나은 것 같았다. 그런데 잘 안됐다. 그래서 시즌 시작하면서 내가 경기를 계속하는 게 힘들 수도 있겠다고 생각하면서 준비했다. 그래서 초반에는 경기 나갈 수 있을 때 최선을 다했다. 이

왕조의 문이 다시 열렸다.

무적 LG, The Return of Champions | V4 달성 기념 화보집